DUMONT EXTRA

Costa del Sol
Almería

Manuel García Blázquez

Inhalt

¡Bienv

Sonne, Strand und Meer heißen die Besucher an der andalusischen Mittelmeerküste willkommen – in einem sonnenverwöhnten Landstrich mit schönen Stränden und Buchten. Zu Recht hat man die Küste der Provinz Málaga auf den Namen Costa del Sol, Sonnenküste, getauft, denn an 320 Tagen im Jahr spendet die Sonne den Bewohnern Wärme und Licht. Dabei brennt sie nur selten so

enidos!

unerbittlich auf die Erde nieder wie in anderen spanischen Regionen: Sie paart sich mit einer leichten Meeresbrise zu einem Sommerwetter, wie es sich die Urlaubsmanager erträumen. Das subtropische Klima mit langen Sommern und kurzen milden Wintern – dank der schützenden Gebirgskette im Hinterland – prädestiniert die Küste Andalusiens zum Urlaubsparadies.

Costa del Sol
"Sonne, Licht und Meer"

So verwundert es nicht, dass an der Costa del Sol ein Stück Tourismusgeschichte geschrieben wurde. In den 50er Jahren öffnete Franco die Pforten des Landes für sonnenhungrige Nordeuropäer, damit sie dem Land Devisen brächten. Sie kamen in Scharen, genossen Sonne, Strand und Meer, Sangría und Stierkampf und gingen zurück, woher sie gekommen waren – bis zum nächsten Sommer. In den 60er und 70er Jahren des 20. Jh. erlebte Málagas Sonnenküste einen derartigen Boom, dass sich ihr Erscheinungsbild von Grund auf wandelte. Besonders der Küstenabschnitt westlich der Stadt wurde förmlich zubetoniert; Hotelanlagen, Apartmentblocks und sog. Urbanisationen, Feriensiedlungen im andalusischen Stil, entstanden zuhauf. Fischerdörfer verwandelten sich in Urlauberhochburgen, jungfräuliche Strände bepflanzte man mit Sonnenschirmen und Liegestühlen.

Dabei stand die Costa del Sol von Anfang an nicht nur für Billigtourismus, denn in Marbella mit seinem Luxus-Yachthafen Puerto Banús trafen sich – und treffen sich noch heute – die Schönen und Reichen der Welt. An der Sonnenküste fanden außerdem seit jeher Steuerflüchtlinge und Wirtschaftskriminelle ihren Unterschlupf, und neuerdings gibt sich hier die ganze europäische Mafia die Hand. So ist das Publikum bis heute bunt gemischt.

Auf alle Geldbeutel und alle Freizeitbedürfnisse ist man eingestellt. Das Unterkunftsangebot reicht vom einfachen Campingplatz bis zu Luxushotels und Nobel-*urbanizaciones*. Wasserratten können die Dienste von Tauch- und Segelschulen oder Surfbrettverleihern ebenso in Anspruch nehmen, wie sie mit ihren Booten in einem der zahlreichen Yachthäfen anlegen können. Für Golfer ist die Costa del Sol ein Paradies: Mehr als 50 Plätze, vor allem an der Westküste, stechen grasgrün aus der Landschaft hervor. Vom Wandern über den Reitsport bis hin zu Paragliding oder Höhlenerkundungen bieten auf Aktivurlaub spezialisierte Agenturen ein breites Spektrum interessanter Unternehmungen an. Selbstverständlich dürfen an einer Küste, an der nach wie vor auch der internationale Jetset zusammenkommt, Casinos nicht fehlen. Es gibt sie in Marbella und Benalmádena. Ganz zu

Marbellas Luxus-Yachthafen Puerto Banús

schweigen von all den Bars, Nightclubs und Diskotheken, in die es die Nachtschwärmer zieht.

Obwohl, vielleicht auch gerade weil die Zahl der Urlauber weiter steigt und mittlerweile 6 Mio. im Jahr erreicht, hat an der andalusischen Mittelmeerküste längst ein Umdenken eingesetzt: Qualitätsmanagement statt Quantitätsmanagement, Klasse statt Masse ist auch hier die Devise. Dies zeigen neuere Hotels und *urbanizaciones*, deren Baustil nunmehr gut an Landschaft und Regionalkultur angepasst wurde. Dies zeigen auch die gewachsenen Angebote, das schöne Hinterland der Küste zu erkunden. Das entlastet nicht nur die Urlauberhochburgen, sondern lässt die traditionell armen Gebirgsgegenden am ›Segen‹ des Tourismus partizipieren.

Wer befürchtet, an der Costa del Sol und an der Küste Almerías nichts weiter als ein eintöniges Einerlei aus Hotelburgen, Apartmentanlagen oder Feriensiedlungen vorzufinden, wird sich schnell eines Besseren belehren lassen. Vielgestaltig und facettenreich ist die Küstenlandschaft. Kilometerlange Sandstrände wechseln mit verschwiegenen Felsbuchten, uralte Hafenstädte mit neuen Touristenenklaven, elegante Sporthäfen mit Stränden, auf denen die Fischer nach wie vor ihre Boote aufsetzen. Zwischen der künstlichen Ferienwelt von Sotogrande oder der Touristenhochburg Torremolinos einerseits und dem einsamen Cabo de Gata mit seinen geradezu magischen kleinen Fischerdörfern und den naturbelassenen Stränden und Buchten andererseits liegen Welten. Wenige Schritte abseits lärmiger Urlaubsnester findet man beschauliche Plätze und Stille – sei es auf einem einsamen Kliff, sei es unter einem Olivenbaum oder beim Anblick einer schwarzgewandeten alten Frau in einem der weißen Dörfer des Hinterlandes.

Überhaupt zählt das gebirgige, teils noch schlecht erschlossene Hinterland zu den Attraktionen der andalusischen Mittelmeerküste, es bietet eine Vielzahl schöner Ausflugsmöglichkeiten. In der Provinz Málaga schwingen sich die Berge, die einst Banditen und Wegelagerern ein Refugium boten, bis zu einer Höhe von 2000 m hinauf. Bei Granada liegt in der Sierra

Sonnenbaden macht durstig ...

Nevada der höchste Berg der Iberischen Halbinsel, der 3481 m hohe Mulhacén. Den intensivsten landschaftlichen Kontrast zu den praktisch ganzjährig schneebedeckten Gipfeln der Sierra Nevada findet man wiederum in den gar nicht weit entfernten Wüstenzonen der Provinz Almería, die mit nur 200 mm Niederschlag jährlich unter extremer Trockenheit leidet.

Lange vor der Invasion der Touristen im 20. Jh., lange bevor hier rund 100 000 Dauergäste aus aller Welt eine neue Wahlheimat fanden, gab es andere Invasoren und Eroberer, die den Landstrich prägten – in einer bis heute sichtbaren Form. In Rincón de la Victoria bei Málaga fischen die Männer nach wie vor in *jábegas*, Booten phönizischen Ursprungs, auf deren Bug ein Auge aufgemalt ist – als solle es sie vor den Schrecken der Meere beschützen. Und sie benutzen nach traditioneller Art Schleppnetze, mit denen sie ihren Fang auf den Strand ziehen. An die Römer erinnern überall Reste von Villen und Aquädukten, vor allem aber zahlreiche Exponate in den archäologischen Museen der Region.

Am markantesten jedoch ist das Erbe der Araber und Mauren, die Andalusien fast 800 Jahre lang beherrschten. Sie prägten eine Kultur des Lichts und der Farben, der Gärten und des Wassers. Entlang der Küste und im nahegelegenen Landesinneren findet man eine Vielzahl an Dörfern maurischen Ursprungs: mit engen, verwinkelten Gassen, strahlend weißen Kalkfassaden, üppigem Blumenschmuck an den Außenwänden wie in den typisch andalusischen *patios* und mit Brunnen. Viele dieser *pueblos* befinden sich in den Vorgebirgen in pittoresken Lagen, so dass man von oben auf das Meer hinunterblickt – auf eben jenes Meer, über das die Mauren nach Andalusien kamen und über das sie nach der Rückeroberung der Iberischen Halbinsel durch die Christen wieder verschwanden. Mijas, Salobreña und Mojácar an der Küste ebenso wie Frígiliana, Cómpeta und Casares im Hinterland oder die kleinen Dörfer rund um Ronda und in den Alpujarras sind heute regelrechte Museen der Volksarchitektur. Über vielen Städten und Dörfern erheben sich wehrhafte Burgen, die ebenfalls

... gut, daß es Strandbars gibt: am Cabo de Gata

aus maurischer Zeit stammen, etwa die von Salobreña, Almuñécar, Almería oder Málaga.

Die Erinnerung an die Mauren ist auch in vielen Festen lebendig geblieben, vor allem in der *Fiesta de Moros y Cristianos*, die eindrucksvoll in den Dörfern der Alpujarras inszeniert wird. In gewisser Weise zeigt sie ebenso wie die Karwochenprozessionen oder die in zahlreichen Küstendörfern veranstalteten Meeresprozessionen zu Ehren der Virgen del Carmen, wie eng die Verbindung von Glauben und Folklore ist. Auch die traditionellen Gesänge und der – bei Besuchern durchaus umstrittene – Stierkampf sind ein Stück lebendiger Volkskultur geblieben. Daran hat der Tourismus nur wenig geändert. Die Andalusier haben eben eine große Fähigkeit, das Kommen und Gehen von Invasoren und Besuchern aller Art gelassen zu überstehen...

Lage/Ausdehnung:	Die andalusische Mittelmeerküste von Gibraltar, das nur 14 km von Afrika trennen, bis Mojácar/Garrucha im Osten ist ca. 470 km lang. Davon entfallen 160 km auf die Costa del Sol, 70 km auf die Costa Tropical und 220 km auf die Costa de Almería.
Bevölkerung:	Mehr als die Hälfte der Bevölkerung der Provinzen Málaga, Granada und Almería (ca. 2,5 Mio.) lebt an der Küste, darunter allein in Málaga 600 000 Menschen. Hinzu kommen rund 100 000 Dauergäste.
Religion:	Fast alle Andalusier sind katholisch.
Wirtschaft:	Wichtigster Arbeitgeber ist der Tourismus, ca. 8,5 Mio. Touristen kommen jährlich. Es folgt die stark exportorientiert Landwirtschaft, besonders intensiv betrieben in Treibhauskulturen westlich von Almería.

Geschichte

Nasridisches Schöpfrad

Ab 25 000 v. Chr.
Prähistorische Felszeichnungen – berühmt sind die der Cueva de la Pileta bei Ronda – belegen, dass Andalusien seit Menschengedenken besiedelt ist.

Ab 2500 v. Chr.
In der Kupferzeit leben in Los Millares bei Almería 2500 Menschen. Bei Antequera werden monumentale Grabanlagen (Dolmen) errichtet. In Almería entsteht um 1700 v. Chr. die El-Argar-Kultur.

Um 1100 v. Chr.
Phönizier gründen Gadir (Cádiz) und später Malaka (Málaga), Sexi (Almuñécar) und Abdera (Adra).

Ab 201 v. Chr.
Beginn der römischen Kolonisation. Brücken, Straßen und Aquädukte entstehen.

5.–7. Jh.
Nach dem Niedergang des Römischen Imperiums herrschen die Westgoten auf der Iberischen Halbinsel. Ihre Hauptstadt ist Toledo.

711
Araber und Berber (Mauren) erobern den Süden der Iberischen Halbinsel, Al-Andalus genannt.

755
Abd ar-Rahman I., der letzte Überlebende der Omaiyaden-Dynastie aus Damaskus, flieht und geht in Almuñécar an Land. Ein Jahr später gründet er das unabhängige Emirat von Córdoba.

929
Abd ar-Rahman III. sagt sich endgültig vom Kalifen in Bagdad los und begründet in Südspanien ein eigenes Kalifat.

1031
Al Andalus zerfällt in viele Kleinstaaten *(taifas)*.

1238	Baubeginn der Alhambra in Granada; Granada, Málaga und Almería bilden das Restreich von Al-Andalus, das von den Nasriden regiert wird.
1492	Truppen der Katholischen Könige ziehen in Granada ein und beenden acht Jahrhunderte arabischer Vorherrschaft. Die spanischen Juden müssen konvertieren oder das Land verlassen. Die Entdeckung Amerikas durch Christoph Kolumbus beschert Andalusien durch Handelsverbindungen einen wirtschaftlichen Aufschwung.
1610	Nach Rebellionen werden auch die letzten Mauren vertrieben.
17. Jh.	Englische Piraten, Türken und Berber attackieren die Küstensiedlungen. Zu ihrem Schutz entstehen zahlreiche Wachttürme und Burgen.
1881	Picasso kommt in Málaga zur Welt.
1936–1939	Ein Putsch der Franquisten gegen die fortschrittlichen Reformen der Zweiten Republik löst den Spanischen Bürgerkrieg aus. Nach dem Sieg Francos 1939 beginnt eine Phase harter Repression. Die Diktatur des *Caudillo* endet mit seinem Tod 1975.
1950–1960	Viele Landarbeiter wandern aus der armen Region aus. An den Küsten von Granada und Almería beginnt der großflächige Anbau von Früchten und Gemüsen in Treibhäusern aus Plastikplanen.
1960–1970	Tourismusboom an der Mittelmeerküste. Aus kleinen Fischerdörfern werden Urlaubshochburgen.
1981	Die Andalusier verabschieden ein Autonomiestatut und bekommen ein eigenes Parlament. Die neue Regionalregierung nennt sich *Junta de Andalucía*.
1992	500ster Jahrestag der Entdeckung Amerikas; in Sevilla findet die Weltausstellung ›Expo 92‹ statt.
2000	Die spanischen Parlamentswahlen gewinnt wieder der konservative Partido Popular (Volkspartei), die andalusischen die Sozialistische Partei PSOE .
2001	Der Ansturm illegaler Einwanderer aus Afrika auf die südspanischen Küsten nimmt zu, täglich überqueren kleine Flüchtlingsboote die Meerenge.

Gut zu wissen!

Blaue Flaggen: An der Costa del Sol, der Costa Tropical und der Costa de Almería reiht sich ein Strand an den anderen. Die lokalen Beamten bemühen sich alle Jahre wieder darum, für ihre *playas* die EU-Auszeichnung der *bandera azul* zu bekommen. Alle Stadtstrände – ob mit *bandera azul* oder ohne – werden übrigens täglich gereinigt.

Chiringuitos und tumbonas: Was wäre die Costa del Sol ohne *chiringuitos* (Imbissbuden) und *tumbonas* (Liegestühle). Seit Jahrzehnten gibt es sie, doch haben sie sich im Laufe der Zeit so verändert, daß der Name fast schon trügt. Die *chiringuitos* sind regelrechte Strandrestaurants, oft mit freundlicher Bedienung und preiswert. Liegestühle – und Sonnenschirme *(parasoles)* – werden in separierten Strandzonen vermietet. Die Benutzung kostet 3 bis 4 € am Tag.

Essen gehen: ist an der andalusischen Küste nicht unerschwinglich. In der Regel servieren sogar die besten Gourmettempel ein Menü für weniger als 12 €.

¡Gibraltar español! So hätten es zumindest nationalbewußte Spanier gern! Die Andalusier, die in der Umgebung dieser britischen Enklave auf iberischem Boden leben, machen sich dagegen die Vorteile der Situation zunutze: Sie besuchen Gibraltar teils wöchentlich, um Tabak, Zucker und Benzin zu kaufen. Das ist dort billiger.

Jetset an der Costa del Sol: In den Sommermonaten gibt es für Paparazzi an der westlichen Costa del Sol – genauer in Marbella, vor den Eingängen der Luxushotels und Discos sowie in den Yachthäfen – alle Hände voll zu tun. Schließlich wollen die europäischen Boulevardblätter gefüllt und der Jetset gesehen werden. Seltener zu Gesicht bekommt man die arabischen ›Touristen‹, die man gelegentlich im Eingang eines sündhaft teuren Juweliers verschwinden sieht.

Öffnungszeiten: Aus oft unerfindlichen Gründen ändern sich die Öffnungszeiten von Museen oder Informationsstellen sowie die Abfahrtszeiten von Bussen mit erschreckender Häufigkeit. Deshalb sind die angegeben Zeiten immer mit der entsprechenden Vorsicht zu genießen!

Sicherheit: Langfinger suchen gerade im August an der Costa del Sol ihr ›13. Monatsgehalt‹. Da in der Urlaubshochsaison auch erheblich mehr Polizei eingesetzt wird, passiert nur selten etwas. Trotzdem: Passen Sie auf Ihre Handtasche auf, entleeren Sie das Handschuhfach, wenn Sie mit dem Auto unterwegs sind – besonders dann, wenn der Wagen kein lokales Nummernschild hat.

In einer der Fotomeilen Marbellas: Die betuchten Schönen nennt man spanienweit *gente guapa* – mit leicht ironischem Unterton

Gelegentlich bietet sich ein Jugendlicher als Aufpasser gegen Diebe *(chorizos)* an – zu denen er natürlich selbst gehören könnte. Am Strand sollte man das Auto immer auf einem bewachten Parkplatz abstellen, was am Tag nur um die 1,50 € kostet.

Sprache: Reine Faulheit? Die Andalusier haben einen ausgeprägten Dialekt und verschlucken gern Silben und halbe Wortenden. So wird alles, was auf *-ado* oder *-ido* endet, zu *-ao* oder *-ío*. ›Z‹ und ›c‹ (vor e und i) werden übrigens wie ein scharfes ›s‹ gesprochen (nicht wie das englische ›th‹, das im übrigen Spanien dominiert).

Turismo residencial: Sie kamen und blieben. Die Gemeinde der neuen Sesshaften aus England und Deutschland nimmt jährlich zu und übersteigt mancherorts die Zahl der Einheimischen. Roquetas de Mar, Almuñécar, Nerja, Torre del Mar, Mijas, Marbella oder Sotogrande sind in den Herkunftsländern fast schon so bekannt wie die Paella. Weil sich das Geschäft mit Immoblilien längst zum Stützpfeiler der Wirtschaft entwickelt hat, haben einige Rathäuser Beratungsbüros für Kaufwillige eingerichtet.

Verständigung: Manch ein Spanier ist davon überzeugt, Englisch oder Deutsch lerne man am besten an der Costa del Sol. Auf jeden Fall hat der Tourismus bewirkt, dass man sich in den Hotels und Restaurants meist gut in diesen Sprachen verständigen kann. Die Speisekarten sind ohnehin mehrsprachig, nur Spanisch fehlt gelegentlich. Im übrigen erleichtert die unkomplizierte andalusische Lebensart die Verständigung.

Wer steigt wo ab? Torremolinos ist die Touristenhochburg der Costa del Sol. In Fuengirola trifft man viele Familien, während in Mijas Costa und Marbella die Elite ›zu Hause‹ ist. Individualreisende zieht es eher an die östliche Costa del Sol, an die Costa Tropical oder ans einsame Cabo de Gata an der Costa de Almería, wo die Strände weniger übervölkert und sogar noch Fischer anzutreffen sind.

Feste & Unterhaltung

Andalusische Feste bestechen durch ihre Lebendigkeit und Farbenfreude. Ein religiöser Hintergrund kommt dabei genauso zum Tragen wie Seemannsbrauchtum, kulinarische Traditionen und eine Folklore, die sehr dem Flamenco verbunden ist. Ausdrucksstark sind die in Málaga verbreiteten Volksweisen der *pandas de verdiales*, eines alten Tanzes *(fandango)*, zu dem zweisaitige Gitarren, winzige Becken, große Tamburins und Kastagnetten den Ton angeben.

Der Stierkampf ist in Málaga, Marbella, Fuengirola oder auch Mijas nicht aus dem Festjahr wegzudenken. Ronda im Hinterland rühmt sich, die vermutlich älteste Arena des Landes zu besitzen, die durch den Lokalmatadoren Pedro Romero landesweit bekannt wurde (s. S. 69f.).

Januar

Dreikönigsfest: Am Nachmittag des 5. Jan. leitet ein Wagenumzug das Dreikönigsfest ein. Am *Día de los Reyes* selbst – statt wie bei uns am 24. Dez. – werden in Spanien die Kinder beschenkt.

San Antón: Das traditionelle Fest des Schutzheiligen der Tiere feiert man am **17. Jan.** Besonders interessant ist es in Mijas, dem Dorf der ›Esel-Taxis‹, sowie in Níjar.

Februar

Día de la Comunidad: Am **28.** veranstaltet man den Tag der autonomen Region zu Ehren des ›Vaters des modernen andalusischen Nationalismus‹, Blas Infante.

März/April

Karwoche: Semana Santa mit nahezu täglichen Prozessionen. In Málaga beteiligen sich 35 Laienbruderschaften mit 70 monumentalen Thronen, geschmückt mit Szenen der Passion. Berühmt sind auch die Umzüge von Granada, Marbella, Ronda und Riogordo.

Mai

Fest der Maikreuze: Andalusien blüht im Frühling auf. In vielen Dörfern und Städten begeht man daher um den **3.** das Fest der *Cruces de Mayo*. Dabei werden Straßenzüge, Plätze und Balkone mit Blumenkreuzen geschmückt.

Juni

Corpus Cristi: Besonders farbenfroh begeht man Fronleichnam in Benalmádena. In der Nacht vor der Prozession schmücken die Bewohner der Stadt die Straßen mit Blumen und Kräutern.

San Antonio de Padua: Um den **13./14.** wird in Trevélez und Carboneras mit der ›*Fiesta de moros y cristianos*‹ der Kämpfe zwischen Mauren und Christen gedacht.

San Juan: In der Nacht des **23.** sind die Strände so belebt wie sonst selten. Auf Scheiterhaufen *(hogueras)* werden überdimensionale Pappmaché-Figuren verbrannt, oft satirische Darstellungen von Politikern oder berühmten Persönlichkeiten – ein Volksfest mit Tanz, Musik und Feuerwerk. In Almuñécar ist es Tradition, dabei ein nächtliches Bad zu nehmen, um im kommenden Jahr jung zu bleiben.

Juli
Virgen del Carmen: Am **16.** ehren die meisten Küstendörfer die Schutzheilige der Seefahrer. Gegen Abend wird die Jungfrau von Männern für eine Meeresprozession in ein Boot gesetzt. Besonders sehenswert ist die *fiesta* in Boliches de Fuengirola, aber auch in Torremolinos (La Carihuela) und Marbella. In Rincón de la Victoria veranstaltet man außer der Prozession eine Fischkutter-Regatta.

August
Weinfest: In Cómpeta feiert man am **15./16.** Nuestra Señora de la Asunción. Den Auftakt bildet die Nacht des 15., genannt die ›Nacht der Weine‹. Dann nämlich wird der *moscatel* gratis unter den Gästen verteilt.

Virgen de la Antigua: Meeresprozession mit herausgeputzten Booten in Almuñécar, von der Playa de San Cristóbal bis zur Playa de Puerta del Mar. Mit spektakulärem Feuerwerk.

September
Fiestas de San Miguel: Torremolinos feiert das Michaelsfest am **Sonntag zwischen dem 24. und 29.** mit einer Wallfahrt in ortstypischen Kostümen, mit geschmückten Karrossen und eleganten, andalusischen Pferden. Schauplatz ist die Avenida Manantiales.

Dezember
Fiesta de Verdiales: Am **28.** zelebriert man dieses Fest in der Venta de San Cayetano im Dorf Puerto de la Torre bei Málaga. Tanz- und Musikgruppen aus der gesamten Provinz treffen sich zum Wettbewerb. Der *verdial* ist ein ursprünglich arabischer Tanz und Gesang, der dem Flamenco ähnelt.

Die Leiden Christi – Karwochenprozession in Riogordo

Essen & Trinken

Gut gekühlt und gestylt: Fisch und Meeresfrüchte satt ...

Spezialitäten

Das Meer ist die Vorratskammer der andalusischen Küste. Die lokale Gastronomie basiert auf der Vielfalt der Fische und Meeresfrüchte, welche die Fischer seit jeher an Land bringen. Natürlich ist in allen großen Urlaubszentren auch die internationale Gastronomie vertreten, von italienisch bis asiatisch.

Allerorts beliebt ist der fritierte Fisch *(pescaíto frito)*. An der Costa del Sol steckt man die Fischchen auf Spieße, die berühmten *espetos*, und brät sie über offenen Holzfeuern. An der Küste von Almería isst man gern die roten Garnelen und Felsenfische, die im Hafen von Garrucha nahe Mojácar angelandet werden. Am Cabo de Gata wiederum kreiert man die Fischplatte *cuajadera de pescado:* Brassen mit Mandeln, gerbratener Thunfisch und Rebhuhnstücke.

Aus der Küche der spanischen Küstenregionen ist auch der Reis nicht wegzudenken. Gern wird er mit Fisch und Meeresfrüchten zur *Paella marinera* kombiniert. Einen guten Ruf genießt sie an der Costa Tropical und in den Fischrestaurants von La Carihuela in Torremolinos. An der Costa Tropical bereitet man zudem köstliche Salate aus den subtropischen Früchten der Gegend zu.

Fleischgerichte werden natürlich in fast allen Restaurants angeboten, doch stehen sie eher im gebirgigen Hinterland auf Platz eins der Speisekarten. Hier gibt es Gebratenes und Geschmortes von Lamm, Zicklein oder Wild, meist vorher mariniert und mit Kräutern verfeinert. Auch der Stierschwanz kommt hier in den Topf. Generell ist die Küche in den Bergen deftiger. Nahrhaft sind die Suppen wie *gazpacho* oder *ajoblanco*.

Schmackhaft sind die Wurstwaren *(embutidos)* aus der Gegend um Ronda, und eine wahre Köstlichkeit ist der Schinken *(jamón)* aus den Alpujarra-Dörfern der Provinz Granada. Dort stellt man darüber hinaus einen leckeren Ziegenkäse her.

Nachtische – Pfefferkuchen *(alfajores)*, Quitten *(membrillos)*, Paradiesspeise *(tocino de cielo)* oder Feigenbrot *(pan de higo)* – zeigen orientalische Einflüsse. Oft sind es Nonnenkonvente, in denen diese *postres* gefertigt werden.

Weine

Zwar werden auch in den Provinzen Almería und Granada Weine produziert, doch sind die in Málaga angebauten Pedro Ximénez- und Moscatel-Trauben bekannter. Sie sind süß und eignen sich daher besonders gut für Apperitifweine.

Wann, wo und wie

Wer nicht das auf den Geschmack der internationalen Gäste ausgerichtete Frühstücksbuffet im Hotel nutzen möchte, kann den Tag mit einem Frühstück auf Málaga-Art beginnen. Es besteht aus frisch gepresstem Orangensaft, Milchcafé und geröstetem Brot, so genannten *pitufos,* die mit Olivenöl, Knoblauch und gelegentlich Tomaten bestrichen werden. Mancherorts serviert man *pulguitas*, eine Art Brötchen, die mit rohem Schinken, Kochschinken, Käse, Lende und Butter gefüllt sind. Das Frühstück *a la española* besteht aus Café oder Schokolade mit heißen Teigkringeln *(churros con chocolate)*.

Entlang der gesamten Küste gibt es typische Tavernen, in denen man vom späten Vormittag an kleine Häppchen *(tapas)* bekommt, meist zu Wein oder Bier. Auch die *chiringuitos* (s. S. 12) halten meist eine Auswahl an Tapas bereit – eine gute Möglichkeit, kleine Portionen Fisch oder *mariscos*, Schinken, Salate und anderes zu kombinieren.

Die meisten Restaurants sind von 13–16 und 19–24 Uhr geöffnet. In den *chiringuitos* am Strand oder an den Flaniermeilen am Meer erhält man den ganzen Tag etwas zu essen. Einige schließen jedoch im Winter.

Kulinarischer Sprachführer

Gazpacho: Kalte Suppe aus pürierten Tomaten, Zwiebeln, Gurken, Brotkrumen, Salz, Pfeffer, Essig und Olivenöl.
Ajoblanco: Kalte Suppe aus Olivenöl, Knoblauch *(ajo),* Mandeln, Ei, Brot und Trauben (Moscatel).
Porra antequerana: Grüne Pfefferschoten, Tomaten, Knoblauch und zerkleinertes Brot werden zu einem Teig verknetet, dem Essig und Öl beigemischt werden. Dazu kommen Stückchen vom Schinken, Thunfisch oder hartem Ei.
Plato de los montes: Lende, Pfefferschoten, Ei, Wurst, Kartoffeln werden zusammen in Olivenöl gebraten.
Espetos: Auf Schilf wird aufgespießter Fisch – häufig Sardinen und Rotbarben – langsam über einem Holzfeuer gebraten. Standardgericht in Strandrestaurants.
Fritura malagueña: Gemischte Fischplatte aus Sardinen und Sardellen, gelegentlich auch gegrillte Tintenfischchen und Garnelen.
Rabo de toro: Stücke vom Stier- oder Ochenschwanz, gelegentlich in Gemüse geschmort.
Chivo: Gebratenes Zicklein mit viel Öl und Knoblauch. Dazu kommt weißer Montillawein (eine Art Sherry).
Zarzuela de marisco: Großer Topf mit verschiedenen Fischen.
Migas: Mit Oivenöl und Knoblauch geröstete Brotwürfel. Sie werden mit Wurst- oder Melonenstücken gegessen. Eher ein Wintergericht.
Huevos a la bestia (Eier was das Zeug hält): Brotkrumen mit Lende, Blutwurst, Spiegeleiern, Oliven.

Sport & Freizeit

Vorbereitung zum Blitzstart: schnelle Boote, schöne Frauen – Marbella

Golf

Zwischen Sotogrande im Westen und Mojácar im Osten liegen mehr als 50 Golfplätze an der Küste. Besonders groß ist ihre Zahl an der westlichen Costa del Sol. Die dortigen Luxushotels besitzen meist eigene fabelhaft zwischen Bergen und Meer gelegene Anlagen, in denen das ganze Jahr über ›gegolft‹ werden kann. Pro Spiel kostet einen der Spaß rund 42 €. Auch Golfkurse werden angeboten. Übrigens gibt es in Marbella einen Platz, der 24 Std. geöffnet ist: ›La Dama de Noche‹ (s. S. 57).

Information:
Federación de Golf Andaluza,
Sierra de Grazalema, 33,
bloque, 5, 1° B,29016 Málaga,
Tel. 952 22 55 90, www.fga.org.

Kinder

Im Sommer bieten Wasserparks in Almuñecar, Mijas, Torre del Mar und Torremolinos eine Alternative zum Strand. ZUr näheren Bekanntschaft mit Flora und Fauna laden z. B. der Papageienpark in Almuñecar, der Unterwasserpark in Benalmádena, der Naturpark SELWO bei Estepona oder der botanische Garten in Málaga ein.

Radfahren

Der auch in Deutsch erhältliche Führer »Mountain Bike« führt geeignete Radwege in den Sierras des Hinterlandes sowie im Gebiet des Guadalhorce-Stausees und der Garganta del Chorro oder entlang der Weinroute der Axarquía auf. Das Cabo de Gata ist zum Radeln ebenso zu empfehlen wie die alte Bergstraße zwischen Granada und Almuñécar (60 km) durch den Valle Tropical.

Reiten

Andalusien ist ein Land der Pferde. An der Küste wie im Hinterland besteht die Möglichkeit, zu reiten oder an einem organisierten Ausritt teilzunehmen (z. B. in Ronda, s. S. 70). Zahlreiche Touren, z. B. in der Sierra Nevada und am Cabo de Gata, sind speziell für Wanderungen zu Pferd ausgeschildert. Einige Reitclubs bieten auch Shows mit andalusischen Pferden an. In Mijas gibt es seit kurzem auch eine Pferderennbahn. Nähere Auskunft erteilen Hotels und Infostellen.

Tennis

Viele Hotels und Campingplätze besitzen eigene Tennisplätze. Über die örtlichen Rathäuser kann man städtische Plätze stundenweise mieten. Es gibt unzählige Clubs entlang der gesamten Küste.

Wandern

Die andalusische Bergwelt – z. B. im Nationalpark Sierra Nevada, der Sierra de las Nieves oder der Serranía de Ronda – bietet sich zum Wandern an, aber auch an der Küste macht die Erkundung der Natur zu Fuß Spaß. In vielen *Oficinas de Turismo* erhält man Informationen, etwa in Nerja zum Weg durch das Flussbett des Río Chillar oder entlang der Steilküste im Naturpark Acantilados de Maro-Cerro Gordo. Am Cabo de Gata kann man auf eigene Faust loswandern.

Wassersport

Wer das breite Wassersportangebot – vom Segeln bis zum Surfen, von Tauchen bis Wasserski – nutzen möchte, findet in aller Regel Anbieter im örtlichen Yacht- und Sporthafen bzw. im Club Náutico. An vielen Stränden gibt es dem Wassersport vorbehaltene Zonen.

Die schönsten Strände

Calas de Nerja: Sechs kleine Buchten. Calahonda im Ortskern ist besonders schön – und besonders voll (s. S. 66).

Cabopino: Zwischen bewachsenen Dünen liegt dieser Strand am gleichnamigen Sporthafen bei Marbella (s. S. 56).

La Cala del Moral: Diesem Strand östlich von Málaga verleihen die alten Fischerboote im Sand besonderen Reiz (s. S. 68).

La Carihuela: Zum Baden und für Abendspaziergänge besonders schön ist dieser Strand von Torremolinos. (s. S.78).

Playa de Cantarriján: Eine kleine Bucht zwischen Almuñécar und Nerja nahe dem Naturpark Acantilados de Maro-Cerro Gordo. Oft proppevoll (s. S. 34).

Playa de los Genoveses: Herrliche, muschelförmige Bucht, umgeben von einer Kette kleiner Dünen. Ohne Zweifel der schönste Strand am Cabo de Gata (s. S. 39).

Playa del Mónsul: Ein weiterer herrlicher Strand am Cabo de Gata, mit feinem dunklem Sand zwischen Klippen und einem Dünenabhang. Man badet nackt (s. S. 39).

Playa de los Muertos Ein einsamer Feinsandstrand am Cabo de Gata, an dem abends die Fischerboote einlaufen. (s. S. 42).

Auch die Strände von Roquetas, besonders die **Playa Serena**, und der **Playazo de Vera** nahe dem gleichnamigen Ort sind sehr attraktiv.

Sprachführer

In den Touristenzentren der Costa del Sol sind die Englisch- und Deutschkenntnisse gut bis ausgezeichnet. Wer das Hinterland aufsucht, sollte allerdings ein paar Brocken Spanisch beherrschen, etwa um nach dem Weg zu fragen oder den Preis einer Unterkunft zu erfahren. Und überhaupt kann man mit ein paar Sprachwendungen einige Pluspunkte sammeln. Ihre Bemühungen werden meist mit Freundlichkeit und Geduld honoriert, und Sie lernen Land und Leute kennen.

Allgemeines

Guten Tag!	¡Buenos días!
Hallo!	¡Hola!
Guten Abend!	¡Buenas tardes!
Gute Nacht	¡Buenas noches!
Auf Wiedersehen!	¡Hasta luego!
Entschuldigung!	¡Perdón!
Wie heißen Sie?	¿Cómo se llama Usted?
Wie heißt Du?	¿Cómo te llamas?
Wo ist?	¿Dónde está?
Wann?	¿Cuándo?
Wie teuer?	¿Cuánto es?

Unterwegs

Wie weit ist es?	¿Á qué distancia está?
weit/nah	lejos/cerca
geradeaus	recto
rechts	a la derecha
links	a la izquierda
dort	allí
gegenüber	en frente
Bus-/Taxihaltestelle	parada de bus/taxi
Fahrschein	billete
Hin- und Rückfahrt	ida y vuelta
Fahrplan	horario
Wann fährt der erste/letzte Bus?	¿Cuándo sale el primer/último autobús?
Tankstelle	gasolinera
Super/Normal/Bleifrei	súper/normal/sin plomo
Autovermietung	alquiler de coche
Vollkaskoversicherung	seguro a todo riesgo
Führerschein	permiso de conducir
Werkstatt	taller mecánico

Zahlen

0	cero	18	dieciocho
1	uno, una	19	diecinueve
2	dos	20	veinte
3	tres	21	veintiuno
4	cuatro	30	treinta
5	cinco	31	treinta y uno
6	seis	40	cuarenta
7	siete	50	cincuenta
8	ocho	60	sesenta
9	nueve	70	setenta
10	diez	80	ochenta
11	once	90	noventa
12	doce	100	cien
13	trece	200	doscientos, doscientas
14	catorce	1000	mil
15	quince	2000	dos mil
16	dieciséis	5000	cinco mil
17	diecisiete		

Die wichtigsten Sätze

Wo ist der nächste Arzt/Zahnarzt?	¿Dónde está el médico/el dentista más cercano?
Ich habe Bauch-/Kopf-/Zahnschmerzen.	Tengo dolor de estómago/cabeza/dientes.
Ich habe eine(n) Sonnenbrand/Insektenstich/Erkältung/Fieber/Entzündung/Durchfall/Atemnot.	Tengo un(a) quemadura de sol/picadura de insecto/resfriado/fiebre/ inflamación/diarrea/falta de aire.
Wo ist die nächste Apotheke?	¿Dónde está la farmacia más cercana?
Ich brauche Erste Hilfe.	Necesito primeros auxilios.
Können Sie uns helfen, wir haben eine Panne.	¿Puede ayudarnos? Tenemos una avería.
Wir hatten einen Unfall.	Hemos tenido un accidente.
Eine Person ist verletzt.	Una persona resultó herida.
Bitte rufen Sie sofort einen Krankenwagen!	¡Por favor, llame enseguida a una ambulancia!
Bitte rufen Sie die Polizei!	¡Por favor, avise a la policía!

Unterkunft und Essen

Haben Sie ein ... frei?	¿Tiene un(a) ... libre?
Tisch	mesa
Apartment	apartamento
Einzel-/Doppelzimmer	habitación individual/doble
mit Dusche/Bad	con ducha/baño
Wieviel kostet es pro Nacht/Woche?	¿Cuánto vale por una noche/semana?
Wir bleiben eine/zwei/drei Woche/n	Nos quedamos una/dos/tres semana/s
Wir reisen morgen ab.	Salimos mañana.
Frühstück	desayuno
Mittagessen	almuerzo
Abendessen	cena
Nachtisch	postre
Speisekarte	carta
Tagesmenü	menu del día

Zeitbegriffe und Geld

heute	hoy
morgen	mañana
gestern	ayer
vorgestern	anteayer
letzte/nächste Woche	la semana pasada/que viene
Montag	lunes
Dienstag	martes
Mittwoch	miércoles
Donnerstag	jueves
Freitag	viernes
Samstag	sábado
Sonntag	domingo
Bank	banco
Post	correos
Postsparbuch	libreta de ahorros
Geld wechseln	cambiar dinero
Scheck einlösen	cobrar un cheque
Kreditkarten	tarjetas de crédito

Auskunft

Spanische Fremdenverkehrsämter

... in Deutschland
– Kurfürstendamm 180
10707 Berlin
Tel. 030/882 65 43, Fax 882 66 61
– Grafenberger Allee 100
40237 Düsseldorf
Tel. 0211/680 39 80, 680 39 81
Fax 680 39 85, 680 39 86
– Myliusstr. 14
60323 Frankfurt/M.
Tel. 069/72 50 33, Fax 72 53 13
– Postfach 15 19 40
80051 München
Tel. 089/53 01 58, Fax 532 86 80

... in Österreich
Walfischgasse 8/14, 1010 Wien
Tel. 01/512 95 80, Fax 512 95 81

... in der Schweiz
Seefeldstr. 19, 8008 Zürich
Tel. 01/252 79 30, Fax 252 62 04

E-mail: ›ort‹@tourspain.es (Ort = berlin, dusseldorf, frankfurt, munich, viena oder zurich).

Costa del Sol im Internet
www.costadelsol.sopde.es
www.andalucia.org
www.tourspain.es

Reisezeit

Die andalusische Mittelmeerküste lässt sich das ganze Jahr über gut bereisen. Hauptsaison ist von Juni bis Anfang Oktober, und auch über Weihnachten und Ostern sind viele Hotels ausgebucht. Im Schnitt ist das Sommerpublikum jünger als das Winterpublikum. Die Costa del Sol ist sonnensicher und warm: Die Temperaturen fallen im Winter kaum unter 13° C, im Frühjahr wird es durchschnittlich 20° C warm, im August klettern die Temperaturen auf 30° C und mehr. Die Wassertemperatur liegt im Januar bei 15° C, im August bei angenehmen 24° C. In den Wintermonaten kühler, im Sommer frischer ist es in den Gebirgen im Hinterland.

Einreise

Als **Ausweispapiere** sind ein gültiger Personalausweis oder Pass mitzuführen. Schweizer können ohne Visum bis zu drei Monate im Land bleiben, Besucher aus EU-Ländern unbegrenzt.
Zollbestimmungen: Für EU-Bürger ist die Ein- und Ausfuhr von Waren für den persönlichen Bedarf nicht beschränkt. Nicht-EU-Bürger müssen die Zollvorschriften beachten: Als Mengen für zollfreie Einkäufe in Duty-Free-Shops gelten z.B. 200 Zigaretten und 1 l Spirituosen.

Anreise

Mit dem Flugzeug

Das Angebot an Flügen zur andalusischen Küste ist vielfältig. Die Zielflughäfen Málaga und Almería sind sowohl per Linie als auch mit preisgünstigen Charterflügen zu erreichen. Viele Reisende buchen ihren Urlaub pauschal, denn die entsprechenden Angebote sind gerade in der Nebensaison konkurrenzlos günstig. Bei vorheriger Anmeldung können Sportgeräte und

Fahrräder transportiert werden. Flughafeninfos im Internet: www.aena.es
Flughafen Málaga/Aeropuerto de Pablo Ruiz Picasso: 7 km von Torremolinos und 8 km von Málaga entfernt, Avda. García Morato, s/n, Tel. 952 04 88 44 (Info/Service)
In der Halle findet man Apotheken, Postschalter, Wechselschalter, eine Polizeistation und zahlreiche Leihwagenfirmen, darunter die internationalen Mietwagenagenturen Avis, Europcar oder Hertz.
Weiterfahrt vom Flughafen: Der Nahverkehrszug der Strecke Málaga–Torremolinos–Benalmádena–Fuengirola passiert den Flughafen. Busse der Linie 19 verkehren alle 20 Min. ins Zentrum Málagas (zur Kathedrale). Taxifahrten ins Zentrum von Málaga kosten rund 9 €, ins Zentrum von Torremolinos ca. 7,20 €. und nach Marbella rund 39 €.
Aeropuerto de Almería: 8 km östlich der Stadt, Ctra. de Níjar, Tel. 950 21 37 00.
Weiterfahrt in die Stadt: Alle 30 Min. verkehrt ein Flughafenbus ins Zentrum Almerías.
Granada besitzt einen kleinen Inlandsflughafen: Ctra. de Málaga, s/n, Tel. 958 24 52 23.

Mit der Bahn

Die Anreise mit dem Zug ist umständlich, da meist mit mehrfachem Umsteigen verbunden, und langwierig. Je nach Startort dauert sie bis zu 40 Std.

Mit dem Bus

Europabusse verkehren zwischen mehreren Städten in Deutschland, Österreich und der Schweiz sowie verschiedenen Städten Andalusiens. Je nach Ziel benötigen die Busse (anstrengende) 25 bis 30 Std. Studenten fahren zu ermäßigten Preisen.

Mit dem Auto

Die meisten Pkw-Fahrer werden die gebührenpflichtige spanische Küstenautobahn benutzen. Bei Puerto Lumbreras erreicht man die A-92, die große andalusische Ost-West-Verbindung, die wie die anderen – autobahnartig ausgebauten – Autovías gebührenfrei ist. Von ihr führen mehrere Abzweigungen nach Süden zur Costa de Almería, Costa Tropical und Costa del Sol. Entlang der andalusischen Küste verläuft die größtenteils zur Autovía ausgebaute N-340.

Unterwegs an der andalusischen Küste

Mit der Bahn

Ein Nahverkehrszug befährt von Málaga die Küstenstrecke Richtung Torremolinos, Benalmádena und Fuengirola, und zwar von 6/6.30 –22/22.30 Uhr im 30-Min.-Takt. Im übrigen sind die Zugverbindungen nach Sevilla, Madrid und Barcelona gut. An der Umsteigestation Bobadilla, ein Knotenpunkt im andalusischen Zugverkehr, treffen die Linien nach Málaga, Córdoba, Granada, Algeciras und Ronda zusammen.
Information und Kartenverkauf: An den Schaltern der RENFE-Bahnhöfe (s. S. 32, 53). RENFE-Info-Telefon: 902 24 02 02.

Mit dem Bus

Die Busverbindungen entlang der Küste und zwischen den großen andalusischen Städten sind sehr gut und relativ preiswert. In größeren Städten gibt es einen zentralen Busbahnhof, in dem die verschiedenen Gesellschaften eigene Schalter unterhalten. Die wichtigsten sind folgende:
Alsina Graells: Tel. 952 31 04 00. Sevilla, Granada, Almería, Córdoba und die östliche Costa del Sol. Auch Verbindungen zwischen der Costa Tropical, Granada und den Alpujarras.
Los Amarillos:
Tel. 952 36 30 24. Von Málaga aus tgl. nach Álora, Carratraca und Ronda.
Autobuses Bernardo:
Tel. 950 25 04 22. Von Almería nach San José am Cabo de Gata.
Autobuses Casado:
Tel. 952 31 59 08. Nach Antequera, Fuente de Piedra, Villanueva del Cauche und Archidona sowie Alfarnate und Alfarnatejo in den Bergen Málagas.
Portillo: Tel. 952 36 01 91. Alle Gemeinden der westlichen Costa del Sol und die Strecke nach Ronda.
ALSA: Tel. 902 42 22 42. Almería, Aguadulce, Roquetas de Mar und Almerimar.

Mit dem Auto

Für Ausflüge in das gebirgige Hinterland ist der Pkw das bequemste Fortbewegungsmittel. Vor unübersichtlichen Kurven sollte man hupen. Höchstgeschwindigkeit ist in geschlossenen Ortschaften 50, auf Landstraßen 90, auf Fernstraßen 100 und auf Autobahnen 120 km/h. Die Promillegrenze für Führerscheinneulinge liegt bei 0,3.

Information zu Staus:
Tele-Ruta: Tel. 900 12 35 05.
Pannenhilfe:
ADA (Asociación de Ayuda Automovilística): Tel. 902 23 24 23.
RACE/ADAC: Tel. 900 11 22 22.
Europe Assistance:
Tel. 915 97 21 25.

Tanken

Viele Tankstellen *(gasolineras)* sind rund um die Uhr geöffnet. Verbleites Super kostet etwa 1 € pro Liter, bleifreies Benzin 0,90 €, Diesel 0,75 €.

Leihfahrzeuge

Das Mietwagenangebot ist groß. Preisvergleiche können sich lohnen, und zumindest in der Nebensaison lassen viele Anbieter mit sich handeln. Bezahlt wird in der Regel mit Kreditkarte. Vielerorts kann man auch Motorräder und Mountainbikes mieten.

Mit dem Schiff

Transmediterránea: Nuevo Muelle comercial E-1, Málaga, Tel. 902 45 46 45: Fähren nach Melilla Mo um 17, Di–Sa um 13, So um 23 Uhr. Verschiedene Reiseagenturen entlang der Küste bieten Ausflüge nach Ceuta und Tanger in Nordafrika an.

Unterkünfte

Hotels und Hostales

Die Bettenkapazität der Costa del Sol soll bei ca. 400 000 liegen: Zu den 100 000 Hotelbetten kommen rund 300 000 Privatquartiere (Eigenheime und Apartmentanlagen), die über Immobilienfirmen vermietet werden. In den Touristenbüros erhält man für die jeweilige Provinz oder die Stadt einen Hotel- und Apartmentführer mit Adressen und Preisangaben.

Hotels sind mit einem bis fünf Sternen klassifiziert. Es überwiegen Drei- und Vier-Sternehäuser. Luxusherbergen – mit klimatisierten Schwimmbädern, Sauna, Massage, Fitnessräumen, Golf-, Reit- oder Tennisclubs – konzentrieren sich in der Gegend um Marbella und Mijas. Hotelinformationen im Internet: www.costadelsol.spa.es, Informationen zu den staatlichen Parador-Hotels: www.parador.es.

Die einfacheren **Pensiones und Hostales** liegen oft in den alten Ortszentren und bieten Zimmer in typisch andalusischen Häusern.

Die Preise sind saisonabhängig. Am teuersten ist ein Bett in der Karwoche und in den Monaten Juni bis September.

Jugendherbergen

Albergues juveniles findet man in Aguadulce, Almería, Granada, Málaga und Marbella. I. d. R. benötigt man einen Herbergsausweis. Keine Altersbegrenzung.

Infos und Reservierung
Red de Albergues Juveniles de Andalucía: Tel. 902 51 00 00, Fax 955 03 58 48, Mo–Fr 9.30–14, 17–19.30 Uhr.
Internet: www.inturjoven.com

Ferien auf dem Land

Zimmer oder ganze Häuser vermietet man in den typisch weißen Dörfern tageweise, über Wochen und sogar über Monate.

Infos und Reservierungen
Axartur: Tel. 952 54 20 58, www.activanet.es/~axartur: Landunterkünfte in der Umgebung von Málaga.

Casas rurales en la Serranía de Ronda: Tel. 952 87 07 39, www.sierraronda.org.
Landhäuser in den Dörfern der Serranía de Ronda. Auch Wanderungen, Reit- und Fahrradtouren werden von hier aus organisiert.

Hoteles Rurales de Andalucía: Tel. 953 75 58 67, Fax 953 75 60 99, www.rgo.net/ahra.
Landhotels, Landhäuser, Ferienanlagen *(villas turísticas)* sowie Familien-Pensionen und Unterkünfte in Heilbädern.

Red Andaluza de Alojamientos Rurales: Tel. 902 44 22 33, Fax 950 27 16 78, www.raar.es.
Vermittlung von Landhäusern und Fincas. Jährlich aktualisierte Führer auch in deutscher Sprache.

Almíjar Travel, Tel. 952 55 33 01, sowie **Axarquía Rural,** Tel. 952 53 64 60, vermitteln ebenfalls Landunterkünfte. Ferienanlagen findet man unter **www.naturahoteles.com,** Hotels auch unter **www.ruralandalus.es** (Tel. 952 27 62 29).

Camping

Fast überall zwischen Mojácar und Gibraltar findet man Campingplätze, oft strandnah und schattig, mit Sportangeboten, Restaurants und Geschäften. Einige Plätze schließen im Winter. Touristenbüros bieten eine Liste sämtlicher Plätze an.

Behinderte

Eine Broschüre über behindertengerechte Hotels gibt es bei:
Centro estatal de minusválidos físicos: Tel. 0034 / 917 44 36 00, Fax 0034 / 914 13 19 96.

Orte

Von weiten Strandbuchten zu strahlend weißen Bergdörfern, von der Glitzerwelt Marbellas in die Stille des idyllischen Naturparks Cabo de Gata, von spielfilmreifen Wüstenlandschaften zu sattgrünen Golfplätzen, von einem Miniaturenmuseum mit bekleideten Flöhen zur Alhambra von Granada, von farbenfrohen Meeresprozessionen zu feurigen Strandfesten und von einfachen Sardinen-

on A-Z

spießen in den *chiringuitos* zu Gourmettempeln. Dieser Führer zur Costa del Sol gibt Ihnen nützliche Tipps und ausgesuchte Adressen an die Hand, damit Ihr Urlaub zum Erlebnis wird! Wer das ursprüngliche Hinterland erkunden möchte, sollte sich von den Extra-Touren leiten lassen. Die Costa del Sol in kompakter, überschaubarer Form, für den, der viel entdecken und nichts verpassen möchte.

Orte von A-Z

Alle interessanten Orte und ausgewählte touristische Highlights auf einen Blick – alphabetisch geordnet und anhand der Lage- bzw. Koordinatenangabe problemlos in der großen Extra-Karte zu finden.

Adra

Lage: N 5
Einwohner: ca. 20 000

Ein Meer von Gewächshäusern, mit Plastikplanen bespannt, prägt die Gegend um Adra. Der Ort hat keine besonderen Attraktionen, wohl aber eine lange Geschichte: Im 8. Jh. v. Chr. wurde er von Phöniziern gegründet; von der Herrschaftszeit der Nasriden zeugen noch ein Torbogen und eine Wassermühle (13./14.Jh.); und die Torre de los Perdigones schließlich erinnert an die Bleigießerei, die es hier im 19 Jh. gab. Das Zentrum mit seinen ruhigen Gassen rund um die wehrhafte Kirche aus dem 16. Jh. sowie der Sporthafen haben durchaus Charakter. Allerdings steht Adra touristisch im Schatten der Küstenorte, die mehr Flair und die besseren Strände bieten. Daran wird auch das neue Meliá-Hotel wenig ändern. In der Nähe des Ortes, in den Albuferas, kann man besonders im Winter Wasservögel beobachten.

Las Gaviotas: N-340 a, km 386, Tel. 950 40 06 60. Direkt am Strand gelegen, mit Schwimmbad und Radverleih.
La Habana: An der N-340, km 191,5, Tel. 619 45 41 34. Campingplatz in gleichnamiger Ortschaft mit schattigen Zonen.

Club Náutico: Puerto s/n (im Hafen), Tel. 950 40 08 14, Sept.–Juni Do Ruhetag. Der frische Fang der örtlichen Fischer kommt hier auf den Tisch. Ab 21 €.

San Marcos, das Fest der Landwirte, am 25. April mit Tierprozessionen. 5.–10. Sept. Fest zu Ehren des Stadtpatrons.

Busse nach Granada, Almerimar und Almería.

Aguadulce

Lage: O 5
Einwohner: ca. 3000

Den Ursprung des Ortsnamens ›Süßes Wasser‹ erklärt eine Legende: Aus einer untermeerischen Quelle soll Aguadulce mit Süßwasser versorgt worden sein, das an die Küste gespült wurde. Die Feri-

Sightseeing
Baden/Strände
Sport & Freizeit
Ausflüge
Information
Hotels
Camping
Restaurants
Shopping
Nightlife
Feste
Verkehr

ensiedlung mit feinsandigen Stränden und elegantem Sporthafen liegt im Schutz einer Bergkette, 10 km von Almería. Hotels säumen die mit Palmen bestandene Meerespromenade. Das ambitionierte Nachtleben lockt im Sommer auch die Bewohner Almerías an.

Puerto Salud: Puerto Deportivo Aguadulce, s/n, Tel. 950 34 77 77, Fax 950 34 69 17, teuer.
Neues Residenzhotel im Sporthafen. Zimmer mit Balkonen zur See.
Playadulce: Avda. El Palmeral, s/n, Tel. 950 34 12 74, Fax 950 34 30 09, E-Mail: info@hotelesplaya.com, teuer.
Direkt am Strand, Zimmer mit Balkonen; Hallenbad und Radverleih.
Jugendherberge: Campillo del Moro, s/n, Tel. 950 34 03 46, Fax 950 34 58 55.
100 Betten, dazu 100 Zeltplätze sowie Bungalows für 4 Personen In Strandnähe, Sportanlagen, Pool und ein eigener Bootsanleger.

Gut sind die Lokale am Sporthafen, in denen man auch *tapas* bekommt.
Juan Matías: Po. Marítimo. Ruhiges Strandlokal mit leckeren *tapas* nach ›Hausmacher Art‹.
El Pez de Plata: Po. Marítimo, Tel. 950 34 26 32, gegenüber dem Hafen, im Winter Mi geschl. Fisch und Meeresfrüchte aus tagesfrischem Fang sowie Pizza.
Taberna Marcelino: Av. Carlos III, Tel. 950 34 91 71.
Speisen in typischem Ambiente. Gute *tapas* und Wurstwaren.

Busse: Zwischen Aguadulce und Roquetas Urbanización 8–20 Uhr, nach Almería stündlich 7–20 Uhr (So seltener).

Almería

Lage: P 5
Einwohner: ca. 170 000

Almería, Wiege der prähistorischen Kulturen von El Algar und Los Millares, zählt zu den ältesten Siedlungsplätzen der Iberischen Halbinsel, wie archäologische Fundstätten in der Umgebung beweisen. Die Araber machten den Hafen zum Handelstor nach Andalusien und hinterließen die namensgebende Wehrburg ›Al-Mariyyat‹, die mächtige Alcazaba über der Stadt. Wirtschaftlich dreht sich alles um den Hafen sowie die Landwirtschaft und den Tourismus in der Umgebung. Im alten Zentrum unterhalb der Burg gibt es rund um die Kathedrale köstliche *tapas* in den vielen typischen Tavernen. Geschäftig geht es an der Puerta Purchena zu, am Paseo de Almería und in jener populären, schmalen Straße, deren Name Programm ist: die Calle de las Tiendas (Straße der Geschäfte).

Alcazaba: Tgl. 9–20.30, im Winter 9–18.30 Uhr.
Im 10 Jh. ließ Abd ar-Rahman III., der in Córdoba residierende Kalif, diese Wehrburg errichten. Ein dreifacher Mauerring schützt die größte der von Arabern erbauten Festungen Spaniens.
Kathedrale: Mo–Fr 10–16.30, Sa 10–13.30 Uhr, 2 €.
Dem spätgotischen Gotteshaus mit Renaissance-Portalen (16./17. Jh.) sieht man an, dass es nicht nur dem Gebet diente, sondern auch dem Schutz vor den damals häufigen Überfällen berberischer Piraten. In der Innenausstattung stechen der platereske Chor und der Barockaltar hervor.
Plaza Vieja: Der Platz mit dem 1899 errichteten Rathaus (daher auch: Pl. de la Constitución) und Laubengängen verwandelt sich im Sommer in eine Tribüne für Feste und Konzerte.
Plaza de las Flores: Sehenswert sind zwei Kirchen in der Nähe des kleinen Platzes – San Pedro aus dem 15. Jh. sowie Santiago el Viejo aus dem 16. Jh. mit einem 55 m hohen romanischen Turm.
Bibliothek Francisco Villaespesa: Hermanos Machado, s/n,

Di–Fr 9–14, im Winter auch Sa 9–13.30 Uhr.
Zu sehen ist die prähistorische Abteilung aus dem derzeit geschlossenen Museo Arqueológico.
Archivo Histórico Provincial: C. Infanta, Mo–Fr 9–14 Uhr.
Vorübergehend sind hier iberische und römische Funde aus dem Museo Arqueológico ausgestellt.

Beliebt sind die Stadtstrände **El Zapillo** und **Almadrabillas.** Letzterer liegt in einer kleinen Bucht beim Sporthafen.

Cabo de Gata: In diesem Naturpark östlich von Almería finden sich herrliche naturbelassene Strände und kleine Fischerdörfer (s. S. 38ff.).
Los Millares: 17 km nördlich von Almería, in Santa Fe de Mondújar, Tel. 608 95 70 65, Di–Sa 9.30–16 Uhr.
Bedeutende archäologische Fundstätte der Millares-Kultur aus der Kupferzeit. Um 2500 v. Chr. lebten hier 2000 Menschen.
Wüstenlandschaft bei Tabernas: Weite Landstriche der Region Almería sind im wahrsten Sinne des Wortes Wüste, sonnenverbranntes Land mit kahlen Hügeln und ausgetrockneten Flussbetten. In Tabernas, 30 km auf der N-92 und N-370 von Almería entfernt, kann man eine arabische Wehrburg bewundern. In der Umgebung erinnern Kulissenstädte an die Zeit, in der hier Westernfilme gedreht wurden: Mini-Hollywood (Tel. 950 36 52 36), Texas-Hollywood (Tel. 950 16 54 58) und Western-Leone (Tel. 950 16 54 05). In Mini-Hollywood werden täglich Western-Spektakel inszeniert, in den beiden anderen Wildwestdörfern nur im Sommer bzw. an Wochenenden. Neben Mini-Hollywood liegt ein Tierreservat. Tel. 950 36 29 31. Im Sommer tgl. 10–21, sonst 10–19 Uhr.

Parque Nicolás Salmerón, s/n, Ecke C. Martínez Campos, Tel. 950 27 43 55, Fax 950 27 43 60, Mo–Fr 9–19, Sa, So 10–14 Uhr.

La Perla: Pl. del Carmen, 7, Tel. 950 23 88 77, Fax 950 27 58 16, moderat.
Das kleine Familienhotel im Zentrum wird gern von Geschäftsleuten besucht, mit Café-Restaurant.
Torreluz II: Pl. de las Flores, 1, Tel. 950 23 43 99, www.torreluz.com, moderat.
Das Torreluz-Hotel liegt zentral und ruhig.
Gran Hotel Almería: Avda. de la Reina Regente, 8,

Decken aus Níjar

Níjar an den Hängen der Sierra de Alhamilla ist ein andalusisches Bilderbuchdorf – und schon deswegen einen Ausflug von Almería oder vom Cabo de Gata wert. Hinzu kommt die Möglichkeit, Töpfern und Webern über die Schulter zu schauen. Einen guten Ruf haben die handgewebten Decken und Teppiche aus Níjar. (Lage: Q 4; ab Almería via E 15 Richtung Mojácar, beschilderter Abzweig, 35 km)

Tel. 950 23 80 11,
Fax 950 27 06 91, Luxus.
Von den oberen Stockwerken bietet sich eine phantastische Aussicht auf Hafen und Meer. Die Umgebung ist im Sommer recht laut.
Jugendherberge (Albergue juvenil): Isla de Fuerteventura, s/n,
Tel. 950 26 97 88,
Fax 950 27 17 44.
Mit zahlreichen Doppelzimmern.
Außerhalb:
Balneario de Sierra Alhamilla: Sierra Alhamilla, Pechina, 15 km von Almería auf der N-340a, Tel. 950 31 74 13, Fax 950 16 02 57, moderat/teuer. Zum Hotel umgebautes Bad des 18 Jh., auf römisch-arabischen Ruinen stehend, mit 22 Zimmern rund um einen Patio. Thermalkuren, Restaurant.

La Garrofa: N 340a, km 435,4, Richtung Aguadulce,
Tel. 950 23 57 70.
An einer Strandbucht unterhalb der Nationalstraße, ein Treffpunkt von Tauchern und Bergsteigern (Felsen von La Parra).

Casa Puga: Jovellanos, 7, So abends geschl.
Eines der besten Tapas-Lokale mit einer Auswahl von 70 Speisen, 1890 gegründet.
Las Botas: Fructuoso Pérez, 3, So abends/Mo geschl.
Bier und Wein in ursprünglichem Ambiente.
Casa Joaquín: Real, 111.
Schönes Lokal beim Parque Nicolás Salmerón.
El Alcázar: Tenor Iribarne, Ecke Po. de Almería, So abends geschl.
Vor allem Fischtapas.
Valentín: Tenor Iribarne, 19,
Tel. 950 26 44 75, Mo und im Sept. geschl.
Fleisch, Fisch und Meeresfrüchte.
La Gruta/El Bello Rincón: N 340, km 436 Richtung Aguadulce,
Tel. 950 23 93 35 / 950 23 84 27,
La Gruta Mo–Sa abends außer im Nov., El Bello Rincón Di–So mittags außer im Juli und Aug.
Eines der beiden Lokale bei einem Steinbruch gegenüber dem Meer ist also immer geöffnet. La Gruta ist auf Grillfleisch spezialisiert, El Bello Rincón auf frischen Fisch.
Martín Fierro: Ctra. de Ronda, s/n (beim Hauptbahnhof),
Tel. 950 27 68 53.
Argentinische Steaks und Weine. Menü ab 15 €.

Szene-Treffs sind die Straßen Trajano und A. González Egea in der Altstadt. Cafés finden sich an der Rambla, und nachts ist der Paseo Marítimo recht belebt.

Romería de la Virgen del Mar am ersten Januarsonntag. **Karwoche** mit Prozessionen. **Feria** in der letzten Augustwoche mit Flamenco-Festival, Konzerten und internationalem Folklore-Festival auf der Pl. Vieja.

Flughafen: 8 km östlich, Tel. 950 21 37 00. Busse alle 30 Min. vom/zum Stadtzentrum, Haltestelle am Busbahnhof.
Busse: Abfahrt am Bahnhof, Tel. 950 26 20 98. Nach Granada und zu den Orten der Küste Almerías, auch zum Cabo de Gata.
Züge: Bahnhof an der Pl. de la Estación, 6, Tel. 902 24 02 02. Tgl. nach Granada.
Mietwagen:
Autoturis, Tel. 950 27 00 22,
Avis, Tel. 950 22 41 26,
Europcar, Tel. 950 29 29 34.
Fähren: Transmediterránea, Puerto Marítimo, Tel. 902 45 46 45, nach Melilla. Ferrimaroc, Estación Marítima, s/n, Tel. 950 27 48 00, nach Nador.

Almerimar

Lage: O 5
Einwohner: ca. 2000

Zu El Ejido gehörende Feriensiedlung, eine ruhige, grüne Oase inmitten ausgedehnter Agrarzonen mit Plastikgewächshäusern. Lange hellsandige Strände, ein Sporthafen und gute Surfbedingungen prädestinieren Almerimar für den Tourismus. An die Siedlung schließen sich südöstlich die Landschaften von Punta Entinas-El Sabinar mit schönen (Nudisten-)Stränden und sumpfigen Geländezonen an, in denen Zugvögel und Flamingos beobachtet werden können.

Ayuntamiento de El Ejido: Tel. 950 54 10 07, www.elejido.org.

Sämtliche **Hotels** gehören der Drei- oder Viersternekategorie an. Preiswerter sind **Apartments** (Nov.– Febr. geschl.). Reservierung: Tel. 950 34 26 06.

Mar Azul: Playa de San Miguel, Tel. 950 49 75 05, Fax 950 49 72 94.
Schöner Platz mit Palmen; Wassersportangebote, Bungalows.

El Segoviano: Pl. Segoviano, beim Hafen, Tel. 950 49 75 44, Mo geschl.
V. a. kastilische Küche, Spezialität ist Spanferkel. Ab 21 €.
Náutico: Am Sporthafen, Tel. 950 49 71 62.
Frischer Fisch und Meeresfrüchte, auch Frühstück. Ab 21 €.

Busse: Nach Roquetas de Mar und Almería um 9, 10, 16 Uhr; im Sommer stündlich, im Winter alle 2 Std. nach El Ejido.

Was man zum Überleben braucht – im Krämerladen in Almuñécar

Almuñécar

Lage: K 5
Einwohner: ca. 22 000

In dem bereits in phönizischer und römischer Zeit besiedelten Ort ging im 8 Jh. Abd ar-Rahman I. an Land, der das Emirat von Córdoba gründete. Im Barrio del Castillo unterhalb der arabischen Festung erinnern die schmalen Gassen und weiß getünchten Häuser noch an diese Vergangenheit. Heute ist Almuñécar Hauptort der granadinischen Costa Tropical. An den schönen Stränden, unterbrochen von Felsvorsprüngen, liegen hier und da noch Fischerboote.

Castillo de San Miguel: Di–Sa 10.30–13.30, 17.30–20 Uhr, So 10.30–13.30, 2 €.
Die mächtige arabische Anlage mit elf Türmen und drei Mauerrin-

gen über dem Ort wurde im 10. Jh. errichtet und diente den granadinischen Nasriden einst als Residenz. Heute befindet sich ein historisches Museum in der Burg.
Iglesia de la Encarnación: Nahe der Pl. de la Constitución. Nach Entwürfen von Juan de Herrera (Turm von Diego de Siloé) wurde sie im 17. Jh. vollendet. Die Kirche beherbergt ein Bildnis der Virgen de la Antigua, Schutzpatronin des Orts (Besichtigung nur zur Messe).
Parque Ornitológico Loro Sexi:
Pl. del Abderramán I.,
Juni–Okt. 11–14, 18–21,
sonst 10–14, 16–18 Uhr, 2,50 €.
Vogelpark mit über 1000 Exemplaren und 120 Arten, darunter Kakadus, Papageien und Pfauen.
Parque del Majuelo:
Avda. de Europa s/n, Eintritt frei.
Botanischer Garten mit mehr als 400 subtropischen Pflanzenarten aus Zentral- und Südamerika, dazu Resten einer Fischfabrik, die vom 5. Jh. v. Chr. bis zum 4. Jh. n. Chr. in Betrieb war.
Cueva de los Siete Palacios:
In der gleichnamigen Straße (ab Pl. de la Constitución durch die Cuesta del Castillo), tägl. 10–12, 18–21, im Winter Di–So 10.30–13.30 u. Di–So 17.30–20 Uhr
In den Gewölben aus der Römerzeit gibt es ein archäologisches Museum mit lokalen Funden.

Am stärksten frequentiert werden die gut vor Westwinden geschützte **Playa de la Velilla** (1,5 km), der zentral gelegene Strand von **Puerta del Mar** sowie die belebte **Playa de San Cristóbal** (1,1 km) mit ihren Restaurants und *chiringuitos,* hier *chamboas* genannt. Richtung Osten finden sich kleine ruhige Buchten, kaum bebaut, wie die von **Cabria** mit Kieselstrand oder die **Playa de la Galera** und die **Playa del Tesorillo.** In westlicher Richtung die durch einen Felsvorsprung getrennten Buchten von **Cotobro** und **Muerto** mit grobem, dunklem Sand. In letzterer treffen sich die Nudisten. Die **Playa de Los Berengueles** befindet sich beim Sporthafen Marina del Este. Das zur Gemeinde gehörende **La Herradura** hat ebenfalls 2 km Strände mit dunklem, grobem Sand. Die **Playa de Cantarriján**, an der Grenze zur Provinz Málaga, ist der bekannteste FKK-Strand.

In La Herradura gibt es ein Zentrum für **Unterwassersport** und für **Paragliding** sowie gute Bedingungen zum **Windsurfen**. An der Punta de la Mona befindet sich der **Sporthafen** Marina del Este.

Aqua Tropic: Po. Marítimo nahe der Playa de Velilla,
Juni–Sept. tgl. 12–20 Uhr: Wasservergnügen für Groß und Klein.
Ab 21 Uhr: Abendspaß.
Römischer Aquädukt: 4 km außerhalb Richtung Otívar bzw. Granada. Man durchfährt ein schönes, tropisch anmutendes Tal.

Avda. de Europa, s/n (Palacio de la Najarra, 19. Jh.),
Tel. 958 63 11 25, www.almunecar-ctropical.org, tgl. 10–14, 16–19 Uhr (im Sommer länger).

Altamar: Alta del Mar, 19, 1. Stock, Tel./Fax
958 63 03 46, günstig/moderat.
Im Zentrum gelegen. Ein-, Zwei- und Dreibettzimmer mit Bad.
Hotel La Tartana: N 340,
km 308, Colonia de San Nicolás,
La Herradura,
Tel./Fax. 958 64 05 35, moderat.
6 rustikale Zimmer um einen In-

nenhof, Terrasse mit Meerblick und eine liebenswürdige Wirtin.
Turismo Tropical: Playa de San Cristóbal, 10, Tel. 958 63 35 19, Fax 958 63 10 57, moderat.
Anlage mit Apartments in andalusischem Stil, direkt am Strand.
Casablanca: Pl. San Cristóbal, 4, Tel. 958 63 55 75, Fax 958 63 55 89, moderat.
15-Zimmer-Hotel in einem Gebäude, das arabische Stile imitiert. Mit Restaurant.
Hotel California: An der N-340, km 313, Tel./Fax 958 88 10 38, moderat.
Treffpunkt von Paraglidern und Tauchern. Das rustikal dekorierte Haus liegt an der Hauptstraße, aber die Zimmer zeigen zum Innenhof oder aufs Meer.
Apartamentos Castillo del Mar: Playa de Cabria, Tel. 958 63 30 07, Fax 958 88 06 99, günstig-moderat.
Kleines Haus, 25 m vom Strand, doch abseits des Rummels. Treffpunkt von Paraglidern.

Nuevo Camping la Herradura: Urbanización Peñaparda, Tel. 958 64 06 34.
In der Nähe der Strandpromenade gelegen. Ganzjährig geöffnet.

Wer *tapas* essen möchte, findet entsprechende Lokale am Strand, z. B. **Emiliano** an der Playa San Cristóbal, und im Ortszentrum, z. B. **Francisco I** (Real, 7). Auch im **Valle Tropical,** Richtung Otivar, gibt es schöne Restaurants.
El Choco: Pl. de la Rosa.
Minirestaurant mit anregendem Ambiente und Innenhof-Terrasse.
Casa Antonio: Playa de Cabria, s/n, Tel. 958 63 30 07.
Ein angenehmer Ort über dem gleichnamigen Strand. Fischplatten, Paellas oder Auberginen auf Cabria-Art. Menü 9 €, à la carte ab 15 €.
El Chambao de Joaquín: Playa de La Herradura, bei der Punta de la Mona, Tel. 958 64 00 44.
Schöner Strandkiosk, der tropische Salate, Fleisch- und Fischgerichte bietet. Sa/So 14.30 Uhr wird Paella als Schauspiel inszeniert.
Restaurante Antonio: Bajos del Paseo Marítimo, 12, Tel. 958 63 00 20.
Fisch und Meeresfrüchte oder gegrilltes Lamm auf einer Terrasse am Meer. Menü ab 10 €, à la carte ab 24 €.
Cotobro-Jacqui: Playa Cotobro, 10, Tel. 958 63 18 02, Mo und zweite Novemberwoche geschl.
Die Küche ist hier französisch-belgisch inspiriert, ab 24 €.

Kunsthandwerk und **Töpferwaren** aus Andalusien im Parque de El Majuelo.
La Bodega del Jamón: Avda. de Europa, 17.
Schinken, Wein, Käse, Öl sowie Kunsthandwerkliches.

Im Sommer trifft man sich in den *chiringuitos,* vor allem an der Playa San Cristóbal. Im Ort ist die Pl. Kelibia, besonders der Pub Jabeque, Treffpunkt der jungen Szene.

Beeindruckend ist die **Karwoche.** Zum **Día de la Cruz** (3. Ma) werden die Straßen der Stadt festlich geschmückt, und viele Leute legen regionale Trachten an. Das Fest der Schutzpatronin **Virgen de la Antigua** findet vom 10.–15. Aug. statt – mit Feria und Feuerwerk am Meer.

Busse: Busbahnhof in der Avda. Juan Carlos s/n. Häufige Verbindungen mit Nerja, Málaga, Salobreña, Motril, Granada und Almería sowie 10 x tgl. mit La Herradura.

Benalmádena

Lage: F 6
Einwohner: ca. 27 000

Benalmádena besteht aus den Siedlungskernen Benalmádena Pueblo, also dem Dorf in den Ausläufern der Sierra de Mijas, sowie dem unterhalb Richtung Küste gelegenen Arroyo de la Miel und Benalmádena Costa mit kilometerlangen Stränden und uniformen Apartmentblocks, die praktisch in diejenigen von Fuengirola und Torremolinos übergehen. Kaum etwas erinnert noch an die namengebenden ›Söhne der Minen‹, an die einstige Bergbautätigkeit. Seit den 60er Jahren dreht sich hier alles um den Tourismus. Aushängeschild des Ortes ist der Sporthafen.

In **Benalmádena-Dorf** ist der **Ortskern** mit engen, gewundenen Gassen und blumengeschmückten Häusern gut erhalten.
Museo Arqueológico Municipal: Avda. Juan Luis Peralta, 49, Tel. 952 44 85 93, Mo–Fr 10–14, 16–19, im Sommer nachmittags 17–20 Uhr.
Das Museum beherbergt Sammlungen präkolumbischer Kunst aus verschiedenen Ländern Lateinamerikas sowie örtliche archäologische Funde aus neolithischer und römischer Zeit.
Benalmádena-Costa: Hier steht das burgartige, im arabisierenden Stil errichtete **Castillo de Bil-Bil** am gleichnamigen Strand. Es dient als Veranstaltungszentrum.
Sea-Life: Beim Sporthafen, Tel. 952 56 01 50, www.sealife.es, tgl. ab 10 Uhr, im Winter bis 18, im Sommer bis 24 Uhr, 6,30 €.
Im Unterwasserpark lassen sich von Haien bis zu Garnelen über 2000 Meerestierarten bewundern.
Castillo de Colomares:
Tel. 952 56 82 39,
im Winter Mo geschl., 6 €.
Das Schloss in der Nähe des Dorfes, als Hommage an Christoph Kolumbus und die Entdeckung Amerikas errichtet, imitiert die Architekturstile des 15. Jh. Vor-und nachmittags Vorführungen mit Falken und Adlern im Jardín de las Águilas.

Insgesamt 9 km Strände, teils künstlich wiederaufgeschüttet, teils mit grauem, groberem Sand bedeckt. Hinter dem Hotel Torrequebrada treffen sich in den Buchten Las Yucas und Las Viborillas Nudisten.

Sporthafen:
Tel. 952 57 70 22.
Hier gibt es über 1000 Anlegeplätze. Das ganze Jahr über finden **Segelregatten** und **Angelwettbewerbe** statt. Zum Club Náutico gehört eine **Segelschule.** Außerdem gibt es zwei **Tauchschulen.** Sowohl tagsüber als auch nachts werden Bootsfahrten entlang der Küste angeboten.
Golf Torrequebrada: Ctra. de Cádiz, km 220, Tel. 952 44 27 42.
18-Loch-Platz mit Blick aufs Meer.
Centro Hípico: Reitzentrum zwischen Arroyo de la Miel und Benalmádena Pueblo.

Tívoli World: In Arroyo de la Miel, Tel. 952 57 70 16, www.tivoli-atracciones.com, Mai–Sept. und in der Karwoche tgl., im übrigen Jahr Sa, So, feiertags nachmittags geöffnet; Nahverkehrszug Málaga-Fuengirola

Apartments, Boote, Urlauber: kaum etwas in Benalmádena erinnert noch an die ›Söhne der Minen‹

oder Bus ab Benalmádena Costa. Vergnügungspark mit Kirmesanlagen und Restaurants. Hinter dem Park fährt eine Kabinenbahn auf den Monte Calamorro (5,50 €).

Avda. de Antonio Machado, s/n, Tel. 952 44 24 94, www. benalmadena.com, Mo–Mi u. Fr 9–15, 17–19.30, Do 10–16.30, Sa 10–13 Uhr.

Hotel La Fonda: Santo Domingo, 7, Tel./Fax 952 56 82 73, moderat/teuer.
Hotel im andalusischen Landhausstil in Benalmádena Pueblo – mit Blick aufs Meer. Der kanarische Künstler César Manrique entwarf das Haus mit seinen 26 Zimmern, zwei *patios* und Schwimmbad.
Apartamentos Benal Beach: Ctra. de Cádiz, km 221, Tel. 952 44 49 44, Fax 952 44 51 49, moderat/teuer.
214 Apartments für zwei oder vier Personen. Berühmt ist das riesige, ganzjährig geöffnete Schwimmbad mit Bartheke, an der man im Wasser einen Drink nehmen kann.
Sol Aloha Playa: Ctra. de Cádiz, km 220, Tel. 952 44 18 90, Fax 952 44 18 95, teuer.
Das Haus der Kette Sol Meliá bietet 179 Studios, jeweils mit Terrasse – und Meerblick. Schwimmbad und weitläufige Gärten.
Alay: Avda. Alay, s/n, Tel. 952 44 14 40, Fax 952 44 63 80, www.costadelsol.spa.es/alay,, teuer/Luxus.
Der Hotelklassiker mit Bingo- und Veranstaltungssaal liegt beim Sporthafen und in Strandnähe.

Casa Fidel: Maestra Ayala, 3, Tel. 952 44 91 65, Di, Mi mittags sowie im Aug. geschl.
In einer hübschen Straße des Dorfes Benalmádena, in rustikalem Ambiente, speist man hier Lamm und Wild zu gutem Wein – auch im Innenhof.
Mar de Alborán: Avda. de Alay, 5, Tel. 952 44 64 27,

im Sommer tgl., sonst So abends, Mo und 20. Dez–20. Jan geschl. Hübsch designtes Lokal in Benalmádena Costa beim Sporthafen, kreative Küche mit Produkten der Region, z. B. Gänseleber in Sherry. Ca. 27 €.

El Varadero: Im Sporthafen, Tel. 952 56 43 27.
Mit Sommerterrasse. Malageñische Küche mit fritiertem Fisch, Meeresfrüchten, Reis- und Nudelgerichten. Ca. 318 €

Ventorrillo de la Perra: Avda. de la Constitución, 87, in Arroyo de la Miel, Tel. 952 44 19 66, Mo und im Nov. geschl.
Ein altes Haus mit Sommerterrasse und kaminbestückten Speisesälen für den Winter. Man empfiehlt hier Milchlamm aus Burgos und Seehecht in Safran. Menü für 21 €.

Markt am Fr vormittag beim Tívoli-Park in Arroyo de la Miel. Im Park selbst So vormittags außer im Juli/Aug. **Flohmarkt.**

Mississippi Willow: Bar, Live-Musik, Diskothek von 12 Uhr bis zum Morgengrauen auf einem restaurierten, typisch amerikanischen Riverboat, das im Sporthafen liegt.

Casino Torrequebrada: Im Komplex des Hotels Torrequebrada, Tel. 952 44 60 00.
Amerikanisches und französisches Roulette, Black Jack, Glücksspielautomaten. Mit Bars, Restaurants, Night-Club und Piano-Bar.

Am **Gründonnerstag** und **Karfreitag** morgens werden in den Straßen von Benalmádena Pueblo Szenen der Passion nachgestellt. **Fronleichnamsprozession** mit Blumenteppichen in den Straßen. **San Juan**, vom 24.–29. Juni in Arroyo de la Miel.

Busse: Alle 15 Min. nach Málaga und Torremolinos. Gute Verbindungen nach Ronda, Marbella, Mijas und Fuengirola.

Nahverkehrszug: Nach Málaga, zum Flughafen, nach Torremolinos und Fuengirola.

Bootstouren: mit Costa Sol Cruceros, Tel. 952 44 48 81, oder Super Galeta nach Málaga. Joven María II., Tel. 600 53 20 02, pendelt zwischen Benalmádena und Fuengirola.

Cabo de Gata

Lage: Q/R 4/5
Einwohner: ca. 3500

Der Naturpark Cabo de Gata-Nijar im Südosten der Provinz Almería ist einer der wenigen Plätze im mediterranen Raum, die von der Invasion des Tourismus verschont blieben. In den kleinen Fischerdörfern lebt man nach wie vor von Landwirtschaft und Fischfang. Es erscheint wie ein Wunder, dass in der semiariden Landschaft der Sierras del Cabo de Gata, la Cabrera und Alhamilla noch einsame Buchten, kilometerlange unbebaute Strände, klares Wasser und spektakuläre Steilküsten zu finden sind. Die schlechte Verkehrsanbindung trug zum Erhalt dieses Fleckchens mit seinem großen Tier- und Pflanzenreichtum bei.

Agua Amarga (R 4): Ein bei Familien beliebter Ferienort mit feinsandigem, ruhigem Strand, den Bars und Restaurants säumen. Auf einer Wanderung Richtung Süden, an einem Wasserreservoir vorbei, erreicht man die **Cala de Enmedio** und nach ca. 1 Std. die kleine, einsame Bucht **Cala del Plomo** mit schönem Sandstrand.

Las Negras (R 4): Ein kleiner Fischerort mit magischer Ausstrahlung. Er ist Ausgangspunkt für einen Fußmarsch (ca. 75 Min.) oder eine Bootsfahrt (ca. 20 Min.) in die herrliche San Pedro-Bucht, ein Refugium für Nudisten.

Los Escullos und La Isleta del Moro (R 5): Zwei Mini-Fischerdörfer. In Los Escullos sind die Reste eines Kastells aus dem 18. Jh. erhalten. La Isleta ist ein einsames, abseits gelegenes Küstendorf. 1 km Richtung Rodalquilar hat man vom Felsen des Mirador de la Amatista einen beeindruckenden Weitblick.

Rodalquilar (R 5): Die alten Minen dieses Bergarbeiterdorfes, bis 1966 in Betrieb, bieten heute einen bizarren Anblick. Die Römer bauten hier Silber ab, später fand man Gold. Von der Straße Richtung Las Negras zweigt ein Weg zum Playazo de Rodalquilar ab, einem einsamen, feinsandigen Strand, den das Castillo de San Ramón ›bewacht‹.

San Miguel de Cabo de Gata und Umgebung (Q 5): Ein ursprüngliches Fischerdorf mit langem, schönem Strand. Von hier erreicht man den Leuchtturm (19. Jh.) an der Südspitze des Cabo de Gata. Auf dem Weg passiert man die Fischersiedlung Almadraba de Monteleva und die seit phönizischer Zeit betriebenen Salinen. Hinter dem Leuchtturm liegt die Cala Rajá, eine kleine Bucht mit schönen Strand gegenüber der berühmten ›Fingerklippe‹.

San José (Q 5): Das an einer Bucht gelegene alte Fischerdorf ist heute das bedeutendste touristische Zentrum der Gegend, dabei aber klein und überschaubar geblieben. Von hier erreicht man nach ca. 2,5 bzw. 5 km die zauberhaften, dünenbestandenen **Playas de Genoveses** und **Mónsul** (letzterer ist ein Nudistenstrand). In **Pozo de los Frailes**, das man von Níjar aus auf dem Weg nach San José durchfährt, gibt es ein nasridisches Schöpfrad. Es war bis 1983 in Betrieb.

... in Agua Amarga

Náutica y Buceo Agua Amarga: Aguada, s/n, Tel./Fax 950 38 01 95.
Tauchangebote und -kurse, Vermietung und Verkauf von Ausrüstungen, Segeln und Windsurfen. Auch Unterkunftsvermittlung.

... in San José

Grupo J. 126: Correo, s/n, und Plaza Génova (im Ortszentrum), Tel./Fax 950 38 02 99.
Infos über und Vermittlung von Wandertouren, Radtouren, Küsten- und Unterwassersport sowie Unterkünfte.

IOCIOYMAR: Im Sporthafen, Mobiltel. 608 05 64 77.
Im Sommer und an Wochenenden werden Bootsexkursionen zu kleinen Buchten angeboten, auch Schnorchel- und Tauchertouren.

Oficina Municipal de Turismo/Grupo J 126: Correo, s/n, San José, Tel./Fax 950 38 02 99, 9.30–15, Juli–Sept. Di–So 10–14, 17.30–21.30 Uhr.

Centro de Visitantes de las Amoladeras: Ctra. de Cabo de Gata, 2 km von der Kreuzung Ruescas Richtung Almería, Tel. 950 16 04 35, Di–So 9.30–15, Juli–Sept. Di–So 10–14, 17.30–21.30 Uhr.
Ausstellungen zum Park, Verkauf von Büchern und Kunsthandwerk.

... in Agua Amarga

Family: La Lomilla, s/n, Agua Amarga, Tel. 950 13 80 14, Fax 950 13 80 70, moderat.
Freundliche Pension mit Pool.

Landschaft fast pur: am Cabo de Gata

Neun nette Zimmer mit Blick aufs Meer, die Berge oder den *patio*. Im Restaurant gibt es französische Küche, Menü fur 12 €.

Mikasa: Agua Amarga, an der Hauptstraße, Tel. 950 13 80 73, 10. Jan.–15. März geschl., www.rusticae.es, Luxus.
Familiäres Hotel mit 16 schönen Zimmern, teils mit Meerblick. Schwimmbad und Jacuzzi-Whirlpool – einfach zum Schwärmen.

... in La Isleta del Moro

Hostal Isleta del Moro: Tel. 950 38 97 13, moderat.
Zehn Zimmer mit herrlichem Ausblick aufs Meer. Angenehmes, familiäres Ambiente. Besitzer Antonio kann weitere Unterkünfte im Ort vermitteln.

... in Los Escullos

Casa Emilio: Tel. 950 38 97 61, moderat.
Kleines, familiäres Hostal mit einem Restaurant, in dem nur frisch gefangener Fisch zubereitet wird.

... in San José

Costa Rica: Correo, s/n, Tel./Fax 950 38 01 03, günstig.
Familienpension mit acht klimatisierten Zimmern in Ortszentrum.

Puerto Genovés: Arrastre, s/n, Tel./Fax 950 38 03 20, moderat.
Ruhiges Hostal bei der Rambla, 18 Zimmer, mit Dachterrasse, Klimaanlage und Heizung.

Cortijo El Sotillo: kurz vor der Ortseinfahrt, Tel. 950 61 11 00, Fax 950 61 11 05, E-mail: sotillo@a2000.es, teuer/Luxus.
Andalusisches Landhaus mit Pool, Restaurant und Reitmöglichkeit.

Jugendherberge (Albergue Juvenil): Richtung Cala Higuera, Tel. 950 38 03 53, Fax 950 38 02 13, im Okt. und Nov. geschl., ab 7 €.
Aufenthaltsdauer höchstens eine Woche. Terrasse mit Meerblick.

... in Las Negras

La Caleta: Tel./Fax 950 52 52 37, www.serinves.es/campinglacaleta.
Camping für Wassersportler in der beliebten Cala del Cuervo, 800 m

vom Ort entfernt, mit Restaurant und Supermarkt (nur im Sommer). Kanu und Segeln, Tauchkurse.

... in Los Escullos

Los Escullos: Abzweig von der Straße Richtung Las Negras, Tel./Fax 950 38 98 11, www.serinves.es/losescullos.
700 m vom Strand, mit 250 Plätzen und guten Installationen. Auch Wohnwagen-Vermietung und Bungalows für 2–6 Personen, mit Küche und Dusche. Schwimmbad und Restaurant, Radverleih, Reiten, Animation.

... in San José

Tau: 300 m von der Bucht von San José entfernt, Richtung Cala Higuera, Tel. /Fax 950 38 01 66, Karwoche bis Okt. geöffnet.
In einem Eukalyptus- und Mimosenwald. Alternatives Ambiente mit Sportzone, Radverleih, Spielsalon, Bar und Restaurant.

... in La Isleta del Moro

Isleta del Moro: Tel. 950 38 97 13.
Frischer Fisch aus dem Tagesfang der örtlichen Fischer. Spezialität ist die *cuajadera*, eine Fischplatte. Terrasse am Meer. Ca. 18 €.

... bei San Miguel de Cabo de Gata

Morales: In Almadraba de Monteleva, Tel. 950 37 01 03.
Kleines Restaurant, Blick auf Salinen und Strand. Hausmannskost, Menü um 12 €. (mit Hotel Las Salinas de Cabo de Gata).

... in Las Negras

La Palma: Tel 950 38 80 42.
Im Ortskern. In diesem Traditionshaus, mit Gemälden von lokalen Künstlern, serviert man auf der Terrasse am Meer Fischplatten. Ab 18 €.

Busse: Regelmäßige Verbindungen zwischen San José und Almería. Nach Almería 20 Min., zum Flughafen 10 Min.

Carboneras

Lage: R 4
Einwohner: ca. 6200

Die einst florierende Köhlerei (*carbón* = Kohle) ging durch die Abholzung der Wälder bankrott. Mit seinen 16 km langen Strand besitzt Carboneras eigentlich ein touristisches Potential, aber ein Kraftwerk, eine Zementfabrik und ein großer Fischer- und Industriehafen mindern die Attraktivität des Orts und seiner Umgebung.

Das **Castillo de San Andrés**, eine Wehrburg, stammt aus dem 16. Jh. In dieser Zeit wurden auch die Wachttürme gebaut, welche die Küste Rich-

Schmücken für die Gäste: in La Isleta del Moro, Cabo de Gata

tung Mojácar (ca. 2 km) und Richtung Agua Amarga (ca. 5,5 km) beherrschen. Gegenüber der Burg liegt die **Casa de las Fuentes,** ein Adelshaus des 19. Jh.

Los Algarrobicos: 1,3 km lang, feinsandig, in einer bebauungsfreien Zone, 4 km Richtung Mojácar.
Playa de los Muertos: Schöner, gut 1 km langer Strand, ca. 5,5 km Richtung Agua Amarga, an der Abzweigung zum Leuchtturm von Mesa Roldán führt ein ca. 15-minütiger Fußweg hinunter.

Pl. del Castillo, Tel. 950 45 42 38, im Sommer.

San Antonio: Zwischen dem 10. und 13. Juni mit nachgestellten Kampfszenen zwischen Mauren und Christen auf der Wehrburg.

Busse: Am Do u. Sa nach Mojácar; nach Almería um 6.45 und 15 Uhr.

Estepona

Lage: D 7
Einwohner: ca. 38 000

Estepona, ein uralter Siedlungsplatz, wie archäologische Funde beweisen, ist ein typisch andalusisches Küstendorf, dessen traditionellen Ortskern die schöne Plaza de Flores (Blumenplatz) und ihre Umgebung bilden. Viele Männer verdingen sich hier nach wie vor als Fischer – der Fischerhafen mit seiner Fischbörse steht dafür. Im Umland werden Zitrusfrüchte angebaut. Doch bestimmt der Tourismus auch in Estepona seit langem das Bild. Zum Fischerhafen gesellte sich ein Sporthafen, und auch die vier Golfplätze locken Gäste aus dem Norden an. Den Strand säumt eine lange, mit Palmen und Kakteen geschmückte Promenade.

Iglesia Parroquial de Nuestra Señora de los Remedios: Die Kirche aus dem 18. Jh. zeigt ein buntes Stilgemisch aus Rokoko, Barock und Elementen des Kolonialstils.
Torre del Reloj: Dieser Uhrturm aus dem 15. Jh. ist der Rest einer Kirche, die Isabella die Katholische errichten ließ.
Ruinen des Castillo: Heinrich IV. ließ im 15. Jh. das Kastell zum Schutz des wachsenden Ortes erbauen. Seine Ruinen findet man in der C. del Castillo.
Stierkampfarena: Sie darf in einem andalusischen Dorf nicht fehlen. Die von Estepona hat bescheidene Ausmaße und eine ungewöhnlich asymmetrische Form.

21 km heller, mittelkörniger Strand säumen die Küste bei Estepona. 2,6 km lang ist der Strand **La Rada** direkt im Ort, der teils künstlich wiederaufgeschüttet wurde. Die **Playa del Cristo** liegt in einer kleinen Bucht bei km 153 der Nationalstraße. Ein Nudistenstrand, die **Costa Natura,** findet man bei km 150 der N-340.

Atalaya Golf: Richtung Benahavís, Tel. 952 88 28 12.
Golf El Paraíso: In der Urbanización El Paraíso, N 340, km 167, Tel. 952 88 38 46.
Golf Estepona: Ctra. N-340, km 150, Tel. 952 11 30 81.
Golf Coto La Serena: Ctra. N-340, km 163, Tel. 952 80 47 00.
Wassersport: Club Náutico, im Sporthafen, Tel. 952 80 09 54.

Tauchschule: Atalaya Happy Diver's Club, Tel. 952 88 90 00 und 609 57 19 20, im Winter geschl., deutschsprachig.
Reiten: Escuela de arte ecuestre Costa del Sol, N340, km 159, Tel. 952 80 80 97, www.andalucia.com/equus.

SELWO, Parque Integral de la Naturaleza: Ctra. N-340, km 162,4. tgl. ab 10 Uhr, Eintritt 15 €., Busse ab Estepona und Málaga.
Naturlehrpfad durch einen 90 ha großen Naturpark, wo tropische und einheimische Pflanzen gedeihen. Die Tiere leben hier ›halbfrei‹.
Sierra Bermeja: Für einen Ausflug in die naturgeschützte Landschaft nimmt man die Straße Richtung Jubrigue und überquert den Pass Peñas Blancas. Rund 10 km sind es von Estepona in das aus rötlichem Vulkangestein bestehende Gebirge mit dem 1449 m hohen Gipfel Alto de los Reales. Eine 4,5 km lange asphaltierte Piste führt zu einem Aussichtspunkt *(mirador)*, von dem der Blick auf die Costa del Sol und bis zum Norden Afrikas reicht.

Avda. de San Lorenzo, 1, Tel. 952 80 20 02, www.infoestepona.com, Mo–Fr 9–18, Sa/So 9–13.30 Uhr.

Hostal Malagueña: Castillo, 1, Tel. 952 80 00 11, günstig/moderat.
An der Pl. de las Flores, renoviertes Haus mit angenehmer Atmosphäre. Zimmer mit Bad; mit Cafetería.
Costa Natura: Ctra. N-340, km 151, Tel. 952 80 80 65, Fax 952 80 80 74, moderat.
Apartmentkomplex am gleichnamigen Strand, bei Nudisten beliebt.
Albero Lodge: Támesis, 16, N 340, km 164,5, Urbanización Finca La Cancelada, Tel. 952 88 07 00, Fax 952 88 52 38, www.alberolodge.com, moderat/teuer.
Charmantes, kleines Hotel inmitten von Gärten. Jedes Zimmer individuell im Ethno-Look gestaltet
Beach Hotel Las Dunas: Ctra. N-340, km 163,5, Tel. 952 79 43 45, Fax 952 79 48 25, www.las-dunas.com, Luxus.
Fünf-Sterne-Hotel in andalusisch-mediterranem Stil. Wellness- und Schönheitsprogramme.

Parque Tropical: Ctra. N-340, km 162, Tel./Fax 952 79 36 18.
Der kleine Platz liegt in einem ehemaligen Zuchtbetrieb für tropische Pflanzen. Familiäre Atmosphäre, 300 m vom Strand.

Im Sporthafen finden sich ordentliche Fischrestaurants; ganz besonders zu empfehlen ist **El Cenachero**, Tel. 952 80 14 42.
Bar Los Rosales: C. Damas, 12, Tel. 952 79 29 45.
Volkstümliches Lokal unweit der Plaza de las Flores. Frischer Fisch und Meeresfrüchte; günstig.
Bodega Jerezana: Extremadura, 26, Tel. 952 80 46 35, So geschl.
Anheimelnde Taverne im andalusischen Stil mit eigenem Wein. Als *tapas* werden iberische Wurstwaren und Gebirgsschinken gereicht.
La Escollera: Tel. 952 80 63 54.
Beliebtes Lokal am Fischerhafen. Fangfrischer Fisch und gute Tapas.
Sabor Andaluz: Caridad, 44, Tel. 952 79 10 30, im Winter Di geschl.
Traditionstaverne mit guten Tapas.

Casa Pepe el Zapatero/ Artesanía Conarpe: San Cayetano 2–4, Tel. 952 80 12 16.
Handgefertigte Lederwaren, insbesondere Schuhe.

La Chimenea: El Cerrillo, 6, Werkstatt und Verkauf im Industriegebiet (Polígono Industrial, nave 6), Tel. 952 79 44 75. Traditionelle Töpferwaren, auch auf Bestellung.

Im Sommer spielt sich das Nachtleben vor allem auf der Pl. de las Flores, im Sporthafen und den Disco-Bars des Paseo Marítimo ab.

In der **Noche de San Juan** am 23. Juni werden bunt gestaltete Pappmachéfiguren, oft Imitationen bekannter Leute, verbrannt. **Feria** in der ersten Juliwoche, mit Kutschenrennen, Reiterumzügen und Stierkämpfen. Meeresprozession zu Ehren der **Virgen del Carmen** am 16. Juli.

Busse: Autobuses Portillo, Tel. 952 80 02 49. Verbindungen von/nach Marbella, Malaga, Ronda, Manilva und Casares.
Mietwagen: Autos Luna, Tel. 952 88 76 42.
Espacar: Tel. 952 79 29 35.

Fuengirola

Lage: F 6
Einwohner: ca. 42 000

Das Fischerdörfchen von einst, am Fuße der herb-schönen Sierra de Mijas gelegen, explodierte zu einem der Haupttouristenzentren der Costa del Sol. Im Schatten der gewaltigen Apartment- und Hotelblocks liegen noch Ruinen aus römischer Zeit sowie eine arabische Festung. Es sind marginale Erinnerungen an die Vergangenheit, erdrückt von diesem Monument des Sonne- und Strand-Mythos.

Castillo de Sohail: Di–So 10–14.30, 16–18 (im Sommer 18–21 Uhr), 1,20 €. Auf einem Felsvorsprung am Meer, an der Mündung des Río Fuengirola liegt das große Kastell auf rechteckigem Grundriß. Im 10. Jh. errichteten es die Araber über den Resten punischer und römischer Bauten. Heute wird es im Sommer für Musikfestivals genutzt. Außerdem beherbergt es ein kleines archäologisches Museum.

7 km feinsandiger, gepflegter Strand mit Liegestühlen, Duschen und Strandkiosken und eine ebenso lange Promenade säumen die Küste von Fuengirola. Beliebt sind die nahen Playas Boliches und Gaviotas.

Sporthafen: Tel. 952 47 04 06, Fax 952 46 99 89. 226 Ankerplätze; mit Segelschule und Leihbooten.
MotoMercado: Avda. de Jesús Santos Rein, s/n, Los Boliches, Tel. 952 47 25 51, www.rentabike.org.
Luis Rent: C. Hernán Cortés, 3, Tel. 952 47 72 40.
Rad- und Motorradverleih.

Schöne Orte im Hinterland sind Mijas, s. S. 60ff., und Ronda, s. S. 69ff. Siehe auch Extra-Tour 1, S. 84f.

Avda. Jesús Santos Rein, 6, Tel. 952 46 74 57, Fax 952 46 51 00, www.fuengirola.org, Mo–Fr 9.30–14, 16.30–19, Sa 10–13 Uhr.

Hostal Agur: Tostón, 2, Tel. 952 47 66 66, Fax 952 66 40 66, günstig.
Ein familiäres Hostal, 150 m vom Strand, mit geschmackvoll reno-

***Espetos*: am Stock gegrillte Fische in Fuengirola**

vierten, freundlichen Zimmern mit Bad. Zwei Suiten mit Whirlpool.

Italia: Cruz, 1, Tel. 952 47 41 93, günstig/moderat.
In einer Gegend voller Bars und Restaurants, strandnah. Renoviertes, nettes Haus mit 35 Zimmern (inklusive Bad und Klimaanlage).

Las Islas: Canela, 12, Urbanización Torreblanca del Sol, Tel. 952 47 55 98, Fax 952 46 42 98, Dez.–Feb geschl., moderat.
10 Min. zu Fuß vom Strand. Pittoresk mit tropischem Garten und Schwimmbad – abseits des Trubels.

Hotel El Puerto: Paseo Marítimo 32, Tel. 952 47 01 00, Fax 952 47 01 66, E-mail: hopalpuerto@grn.es, moderat/teuer.
Funktionales Großhotel mit 300 Zimmern direkt am Strand; Pool auf dem Dach.

Hotel Florida: Po. Marítimo, s/n, Tel. 952 47 61 00, Fax 952 58 15 29, www.costadelsol.spa.es/hotel/florida, moderat/teuer.
Im Zentrum des Paseo Marítimo, gegenüber vom Sporthafen. Reizvoll ist der tropische Garten. Mit zwei Pools.

Villa de Laredo: Po. Marítimo Rey de España, 42, Tel. 952 47 76 89, Fax 952 47 79 50, moderat/teuer.
Ein neues Hotel mit Marmorfassade und -vorhalle. Funktionale Einrichtung, angenehme Atmosphäre, direkt über dem Sporthafen gelegen. Viele Zimmer mit Meerblick, Schwimmbad.

Camping Fuengirola: Ctra. N-340, km 207, Tel. 952 47 41 08.
Baumüberschattet, aber direkt an der Straße gelegen, 100 m vom Strand. Mehrere Schwimmbäder.

Eine Kette von Restaurants säumt den Paseo Marítimo. und die als ›Straße des Hungers‹ bekannte C. Moncayo.

La Carihuela Chica: Pl. de Castilla, s/n, Tel. 952 66 06 73.
An der Strandpromenade von Los Boliches, mit großer Terrasse zum Meer. Besonders zu empfehlen:

Fisch, Meeresfrüchte und Salate.
La Langosta: Francisco Cano, 1, Los Boliches, Tel. 952 47 50 49, ab 19 Uhr, So und im Dez. geschl. Neben den namengebenden Langusten gibt es in dem kleinen Lokal Hummer, Muscheln in Safran, aber auch Fleischgerichte. Um 30 €.
El Bote: Paseo Marítimo, s/n, Torreblanca del Sol, Tel. 952 66 02 96, außer im Sommer Di geschl. Auf der großzügigen Terrasse zum Strand werden z. B. Meeresfrüchte und frittierter Fisch serviert.
Taberna del Pescador: Héroes de Baler, 4, Tel. 952 47 41 67. Typische Küche aus Málaga und Reisspezialitäten.

Beim Messe/Festgelände am Di vormittags Markt, am Sa **Flohmarkt**. So Flohmarkt mit **Kunsthandwerk** im Sporthafen.

Die Sommernächte in Fuengirola sind lang. Man trifft sich an den *chiringuitos* am Strand, v. a. an der Playa de los Boliches, und in den kleinen Zentrumsgassen. Am Paseo Marítimo finden sich zahlreiche Diskotheken mit unterschiedlichem Ambiente. Das Tourismusbüro gibt einen immer wieder aktualisierten kleinen Führer heraus: In der **›Guía golfa‹** finden sich die gerade angesagten Lokalitäten beschrieben.

Meeresprozession zu Ehren der **Virgen del Carmen** am 16. Juli in Los Boliches. Nächtliche **Johannisfeuer** am Strand in der ›Noche de San Juan‹ am 23. Juni.

Busse: Nach Málaga, Mijas, Marbella, alle 30 Min., dazu gute Verbindungen nach Gibraltar, Granada, Sevilla und Nerja von der Estación de Autobuses Portillo, im Zentrum, Tel. 952 47 50 66.
Nahverkehrszüge alle 30 Min. nach Málaga, Benalmádena Costa und Torremolinos.
Mietwagen: Avis, Jacinto Benavente, 18, Tel. 952 47 57 89. Europcar, Tel. 952 93 19 77.

Granada

Lage: K 3
Extra-Tour 4: s. S. 90 f.
Einwohner: ca. 250 000

Unter den touristischen Highlights der Iberischen Halbinsel nimmt Granada einen allerersten Rang ein. Allein wegen des Anblicks der rötlich schimmernden Alhambra, der maurischen Fürstenresidenz, vor den schneebedeckten Bergen der Sierra Nevada lohnt sich der Ausflug von der Küste. Und allein in der Alhambra könnte man leicht einen ganzen Tag verbringen. Wer die Stadt selbst ein wenig intensiver kennenlernen möchte, sollte für die Visite mindestens zwei Tage einplanen. Die Extra-Tour 4 dieses Bandes bietet einen Leitfaden für die Erkundung des maurischen Erbes der Stadt (s. S. 90, Stadtplan auf dem Faltplan). Im folgenden knappe Hinweise zu den Highlights der Stadt.

Alhambra/Generalife: www.alhambra-patronato.es, tgl. 8.30–20, im Winter 9– 18 Uhr; Nachtbesuche im Sommer Di–Sa 22–23.30, im Winter Di u. Sa 20–22 Uhr; Eintritt 6 €. **Achtung:** Die tägliche Besucherzahl für den Nasridenpalast ist limitiert; also entweder sehr früh an den Kassen anstellen oder Karten unter www.alhambratickets.com oder Tel. 902 22 44 60 im Vorverkauf reservieren oder für 6,75 € in der Banco BBVA, Pl. Isabel la Cató-

lica, Mo–Fr 9–14 Uhr., beschaffen. Minibusse alle 10 Min. ab Pl. Nueva zur Alhambra.
Der maurische Fürstenpalast auf dem Alhambra-Hügel ist Spaniens meistbesuchtes Monument. Die UNESCO hat diese märchenhafte Anlage zum Kulturgut der Menschheit erklärt.
Arabische Bäder: Cra. del Darro, Mo–Sa 10–14 Uhr.
Die kleine Anlage (11. Jh.) zeugt von der Bedeutung, die die Nasriden der Körperkultur beimaßen.
Kathedrale: Pl. de la Catedral, Mo–Sa 10.30–13.30, 16–19 (Winter 15.30–18.30), So 16–19 Uhr, Eintritt 2,10 €.
Ein monumentaler Bau aus dem 16. Jh., im Stilgemisch zwischen Spätgotik und Renaissance.
Capilla Real: Im Nebengebäude der Kathedrale, Mo–Sa 10.30–13, 16–19 (im Winter 15.30–18.30), So 11–13 Uhr, Eintritt 2,10 €.
Die edel ausgestattete Königliche Kapelle beherbergt die Gräber der Katholischen Könige, die 1492 in die Stadt einzogen.

Corral del Carbón, Tel. 958 22 59 90; Pl. Mariana Pineda, Tel. 958 22 66 88.
Der **Bono turístico** für 15 € beinhaltet den Eintritt in die Alhambra (trotzdem Ticket reservieren wegen Zugangsbeschränkung!) und andere Monumente und Museen sowie zehn Busfahrten.

Hotel Las Nieves: Alhóndiga, 8, Tel. 958 26 53 11, moderat.
Familiäre Unterkunft, sehr zentral ruhig und sauber, frisch renoviert.
Los Tilos: Pl. Bib-Rambla, 4, Tel. 958 26 67 12, Fax 958 26 68 01, moderat.
Am schönen Stadtplatz nahe der Kathedrale, ruhig gelegen.
Las Navas: Navas, 24, Tel. 958 22 59 59, Fax 958 22 75 23, teuer.
Im Zentrum an einer Fußgängerzone, mit behaglichen Zimmern.
Alhambra-Palace: Peña Partida, 2, Tel. 958 22 14 68, Fax 958 22 64 04, www.h-alhambra-palace.es, Luxus.
Komforthotel am Burgberg unterhalb der Alhambra.
Jugendherberge: Avda. Ramón y Cajal, 2, Tel. 958 28 43 06.

An der **Plaza Nueva** im Zentrum der Stadt sowie an ihrer ›Verlängerung‹, der am Fluss entlangführenden **Carrera del Río Darro**, laden zahlreiche kleine Restaurants und andalusische Tavernen zum Schlemmen ein.
Chikito: Pl. del Campillo, 9, www.restaurantechikito.com, Tel. 958 22 33 64, Mi geschl.
Der berühmte granadinische Dichter Federico García Lorca war oft in diesem Restaurant zu Gast.

Busse: ab Busbahnhof an der Carretera de Jaén s/n, Tel. 958 18 54 80 (dorthin fährt die Linie 3 ab Gran Vía de Colón) Gute Verbindungen nach Málaga und zur Küste.
Züge: Bahnhof an der Avda. de los Andaluces, Tel. 902 24 02 02. Züge nach Almería und Málaga.

Málaga

Lage: G 5
Einwohner: ca. 560 000

Málaga ist an der Costa del Sol eindeutig der Dreh- und Angelpunkt des internationalen Tourismus. Mit ihrem bedeutenden Handels-, Fischerei- und Fährhafen ist die Stadt ganz dem Meer zugewandt. Dazu mag die geo-

graphisch günstige Lage beigetragen haben, denn die Bucht wird von einer Bergkette im Hinterland geschützt. Zum Wasser hin war die Stadt dagegen nie sehr abgesichert. Übers Meer kamen seit jeher die verschiedenen Eroberer, die ihre Spuren hinterließen: Phönizier, Römer und Araber. An letztere erinnern markant die Alcazaba und das Castillo de Gibralfaro, aber auch die Struktur der alten Viertel. Zwischen den zentralen Gassen und den großen, reich mit Pflanzen begrünten Boulevards längs des Hafens spielt sich das städtische Leben ab. Hauptschlagader der Altstadt ist die Calle Marqués de Larios, ihre Seitenstraßen sind voller Tavernen und Bars.

Alcazaba/Archäologisches Museum: Mi–Mo 9.30–18/20 Uhr. Die arabische Festung, am Hang des Gibralfaro-Hügels gelegen, wurde im 11. Jh. über römischen Vorgängerbauten errichtet. Sie diente den Fürsten von Granada als Residenz, wenn sie sich in Málaga aufhielten. In den oberen Gebäuden ist ein archäologisches Museum mit lokalen Funden untergebracht (Eingang: Calle de la Alcazabilla).

Römisches Theater: Zu Füßen der Alcazaba gelegen, war es bis zum 3. Jh. in Betrieb und wurde später von den Arabern als Steinbruch benutzt (derzeit Restaurierung).

Castillo de Gibralfaro:
9.30–18/20 Uhr.
Es wurde unter Abd ar-Rahman I. (758–788) auf der Spitze des Gibralfaro errichtet, aber unter den Nasriden erneuert. Nahebei liegt der Staatliche Parador. Der Name der Wehrburg, abgeleitet von ›Jabal Faruk‹, erinnert vermutlich an ein Leuchtfeuer, das einst den Berg bekrönte.

Picassos Geburtshaus
(Casa Natal): Pl. de la Merced, 15, Tel. 952 06 02 15,
Mo–Sa 11–14, 17–20 (im Sommer 18–21 Uhr), So 11–14.
Im Geburtshaus des Malers Pablo Picasso dokumentiert die Fundación Picasso Leben und Werk des Künstlers. Sie unterhält eine Bibliothek und präsentiert einige Werke Picassos sowie verschiedene Erinnerungsstücke.

Picasso-Museum:
San Agustín, 6 (im Aufbau).
Der schöne Palast der Grafen von Buenavista, früher Sitz des Museums der Schönen Künste, wird

Málaga, traditionsreiche Stadt und Drehscheibe des Tourismus: die Stierkampfarena bei Nacht

künftig Sitz eines großen Picasso-Museums werden. Im Palast, im 16. Jh. im Stil der Renaissance mit mudéjaren Elementen errichtet, arbeitete bereits der Vater von Picasso. Voraussichtlich werden die Arbeiten noch bis in das Jahr 2002 hinein andauern.

Iglesia de Santiago: Die unweit der Pl. de la Merced gelegene Kirche (16.–18. Jh.) hat ein hübsches Portal im gotisch-mudéjaren Stil. Der frei stehende Turm erinnert noch an die Tradition muslimischer Minarette.

Kathedrale/Museum:
Mo–Sa 10–18.45 Uhr.
Ihre Errichtung begann im 16. Jh., zog sich jedoch bis ins 18. Jh. hin. Einer der beiden Türme, La Manquita, blieb sogar unvollendet. Die Grundstruktur des Gotteshauses ist gotisch, entsprechend den Plänen von Diego de Siloé, die Bauausführung folgt dem Stil der Renaissance, und die Hauptfassade trägt barocke Züge. Der Chor beherbergt 40 Schnitzarbeiten von Pedro de Mena. Die Orgeln stammen aus dem 18. Jh.

Iglesia del Sagrario: neben der Kathedrale. Die Kirche wurde über einer Moschee errichtet. Ihr gotisch-isabellinisches Portal war zunächst als Eingang zur Kathedrale gedacht. Im Innern des Gotteshauses ist ein Renaissance-Retabel (16. Jh.) sehenswert.

Museo de Artes y Tradiciones Populares: Pasillo de Santa Isabel, am Río Guadalmedina, Tel. 952 21 71 37, Mo–Fr 10– 13.30, 16–19, im Sommer nachmittags 17–20, Sa 10–13.30 Uhr, 1,20 €. Das Volkskundemuseum, im alten Mesón de la Victoria aus dem 17. Jh., vermittelt Einblicke in die traditionellen Wirtschafts- und Lebensweisen der Region.

Mercado de Atarazanas: Die Markthalle nimmt die Stelle der einstigen arabischen Schiffswerften ein. Ihr Haupttor aus der Nasridenzeit blieb erhalten (13. Jh.).

Die Strände von **La Malagueta** (östlich des Hafens) und von **La Caleta** liegen am nächsten. In östlicher Richtung schließen sich die **Playa de Las Acacias** (im Viertel El Pedregalejo) sowie die Strände von **El Palo** an. Am Strand von **El Chanquete** treffen sich die Surfer (Bus 11).

Sporthäfen:
Real Club Mediterráneo: Po. de la Farola, 18, Tel. 952 22 85 41.
Puerto Deportivo El Candado: In El Palo, Tel. 952 29 48 16.

Jardín Botánico-Histórico de la Concepción: Ctra. de las Pedrizas, N-331, km 166, links der Autovía nach Antequera–Madrid. Tel. 952 25 21 48, Di–So 10–17.30/19/20/21 Uhr (je nach Jahreszeit), Sa/So Busse von der Alameda Principal, 2,75 €.
Der Rundgang durch den botanischen Garten mit tropischer und subtropischer Flora sowie archäologischen Resten dauert gut 1 Std.
Antequera (F 4): Auf der N-331 55 km nach Norden. Der Ort strahlt die Ruhe eines typisch andalusischen Landstädtchens aus. Am Ortsrand liegen drei prähistorische Grabanlagen aus der Zeit um 2500–1800 v. Chr.: die Cuevas de Menga (Di 9–15.30, Mi–Sa 9–18, So 9.30–14.30Uhr) und Romeral (Mi–Sa 9–15.30, So 9.30–14.30 Uhr). Nach diesem kulturhistorischen sorgt der nahe Torcal de Antequera für ein Naturerlebnis (Extra-Tour 1, s. S. 84).
Archidona (G 3): 18 km von Antequera, 50 von Málaga. Sehenswert in dem typisch weißen Dorf sind das arabische Castillo mit dem Santuario de la Virgen de Gracia und die achteckige Plaza Ochavada.

Avda. Cervantes, 1, Tel. 952 60 44 10, Fax 952 21 41 20, Mo–Fr 8–15, 16.30–19, Sa 9.30–13.30, im

Sommer bis 14.30 Uhr. Pasaje de Chinitas, 4, Tel. 952 21 34 45, Mo–Fr 9–19, Sa/So 10–14 Uhr.

California: Po. de Sancha, 17, Tel. 952 21 51 65, Fax 952 21 51 64, www.costa-delsol. spa.es/hotel/california, moderat.
Ein kleines, angenehmes Hotel, 50 m vom Strand, 10 Min. Fußweg vom Zentrum. Ruhig.
Los Naranjos: Po. de Sancha, 35, 1 km vom Zentrum, nur 200 m von der Playa de la Malagueta. Tel. 952 22 43 16, Fax 952 22 59 75, teuer.
Vor einigen Jahren schlief in diesem modernen, sechsstöckigen Haus sogar Prinz Felipe de Borbón.
Hotel Humaina: Ctra. de Colmenar, s/n, (Plan: G 5), Tel. 952 64 10 25, Fax 052 64 01 15, www.hotelhumaina.es, moderat.
Liebevoll renovierter Landsitz mit Restaurant. Ruhige Lage mitten im Naturpark Montes de Málaga.
Parador de Gibralfaro: Castillo de Gibralfaro, s/n, Tel. 952 22 19 02, Fax 952 22 19 04, www.parador.es, teuer/Luxus.
Das Nobelhaus auf dem Hügel des Gibralfaro, abseits des städtischen Trubels, bietet herrliche Ausblicke über Stadt und Bucht.
Jugendherberge: Pl. Pío XII, 6, Tel. 952 30 85 00, Fax 952 30 85 04.
Zimmer für 1, 2 und mehr Personen, teils mit Bad (Bus 18).

In der Altstadt bieten zahlreiche alte Tavernen *tapas* an.
El Gorki: Strachan, 6, Mo–Fr 11.30–16.30, 18.30–23.30, Sa 11.30–15.30, 20–24 Uhr.
Dieser ehemalige Weinladen serviert Spezialitäten wie geräucherte Täubchen oder Forelle. Außerdem kann man hier sehr gut Schinken, Wurstwaren, Käse etc. kaufen.
Orellana: Moreno Monroy, 5, 12–16, 20–23 Uhr, Mi geschl.
Seit 50 Jahren bietet das Stehlokal 60 verschiedene *tapas* an, dazu Wein aus Jerez. Die Leute stehen hier Schlange.
La Raya: San Rafael, 4, Di–Fr 11–16.30, 19.30–22.30, Sa–So 11.30–17 Uhr.
Wein und *tapas* gibt es in der 100 Jahre alten Bodega – ein authentisches Museum. Fotos und Zeitungsausschnitte an den Wänden spiegeln die Geschichte Málagas.
Antigua Casa de Guardia: Alameda Principal 18/C. Pastora.
Das Lokal von 1840, in dem es Málaga-Wein vom Fass und dazu Muscheln und Gambas gibt, hat geradezu dekadenten Charme.
El Pimpi: C. Granada, nahe dem Picasso-Museum, tgl. 12–16 und 18 Uhr bis zum Morgengrauen.
Anfang der 1970er Jahre gegründete Taverne, die auch als eine Art ›Kulturzentrum‹ fungiert. Hier bestellt man *ligeritos,* kleine, reich belegte Brötchen.
Casa Pedro: Am Strand von El Palo, Tel. 952 29 00 13, Mo abends geschl.
Verlockend sind z. B. *gazpacho*, Sardinen-Spießchen, Fisch und Muscheln.
El Chinitas: Moreno Monroy, 4–6, Ecke Larios, Tel. 952 21 09 72, www.malagaweb.com/chinitas.
Ein Klassiker, gerühmt von Federico García Lorca, gute *tapas* und frischer Fisch; schöne Kacheln.

In der C. Marqués de Larios im Zentrum konzentrieren sich zahlreiche Geschäfte, darunter viele **Modeläden**.
Markt/Flohmarkt So 10–15 Uhr auf dem Po. de los Martiricos, gegenüber dem Fußballplatz des Viertels La Rosaleda.

Los Artesanos: Cister, 13, Tel. 952 60 45 44. Kunsthandwerk mit andalusischer Tradition: Stoffe, Keramik, Glas etc.

Eine zentrale Rolle im Nachtleben spielt die **C. Beatas** mit ihren Bars und Musikkneipen. Auch in der **C. Granada** und an der **Pl. Ungibay** geht es lebhaft zu. In Sommernächten trifft man sich gern an den **Stränden** von **La Malagueta** und **El Pedregalejo.**
Café Central: Pl. de la Constitución, 11, klassisches Caféhaus für Literaturliebhaber.
Onda Pasarena: C. Gómez Pallete (Pl. de la Merced). Live-Musik: Di Jazz, Do Flamenco, Fr/Sa Tanz.
Peña de Juan Breva: C. Picador, nahe der Pl. de la Merced, Tel. 952 21 08 76. Flamenco-Aufführungen und kleines Museum.

An den Prozessionen der **Semana Santa** – besonders beeindruckend am Mo, Mi und Do – beteiligen sich 35 Bruderschaften mit 70 Passionsgestellen. Die **Johannisnacht** am 23. Juni feiert man mit Konzerten und Feuern an der Playa de la Malagueta. Málagas **Feria** findet vom 13. bis 21. Aug. statt. Schauplätze des Volksfestes sind die C. Larios und das Feria-Gelände (Ferial). Auch Stierkämpfe. Am 28. Dez. **Festival de Verdiales** (s. S. 15).
Festival de Flamenco, im Juni, an den Stränden von El Palo sowie in der Peña de Juan Breva. Von Juni bis Sept. **Serenatas de Luna Joven** (Neumondserenaden), den Sommer über Pop- und Rockkonzerte in La Malagueta.

Flughafen: Aeropuerto de Málaga an der Straße nach Torremolinos, Tel. 952 04 88 44/ 952 04 88 04, internationale und Inlandsflüge. Busse (Linie 19) alle 20 Min. zur Haltestelle an der Pl. Torrijos. Nahverkehrszüge nach Málaga, Torremolinos, Fuengirola.
Züge: RENFE-Züge ab Estación Central, Infos: Tel. 902 24 02 02. Verbindungen nach Granada, Sevilla, Córdoba. Nahverkehrszüge 6–22.30 Uhr nach Fuengirola (C-1) und Alora (C-2).
Busse: Estación Central de Autobuses, Tel. 952 35 00 61. Zu den größeren Städten Andalusiens und den Dörfern der Costa del Sol gute Verbindungen.
Fähren: Transmediterránea, ab Estación Marítima, local E-1, Tel. 902 45 46 45. Nach Melilla.
Taxi: Tel. 952 33 33 33 und 952 32 00 00.
Mietwagen:
Marinsa: Tel. 952 23 23 04, Avis: Tel. 952 23 08 55, Europcar: Tel. 952 04 85 18 (Flughafen), 952 35 68 12 (Bahnhof).

Manilva

Lage: C 7
Einwohner: ca. 5000

Manilva liegt an der Grenze zur Provinz Cádiz und bildet den westlichen Endpunkt der Costa del Sol. Der eigentliche Ort, 2 km landeinwärts, ist eines der typischen weißen Dörfer der Provinz Málaga. Weinfelder bestimmen das Bild der Umgebung. Zur Gemeinde Manilva gehören mehrere kleine Küstensiedlungen, darunter San Luis de Sabinillas und Puerto de la Duquesa, dem ein Kastell aus dem 18. Jh. den Namen gab.

Insgesamt 7,8 km grausandiger Strand. In westlicher Richtung findet man einige kaum bebaute Strände und Buchten.

Eines der wohl schönsten weißen Dörfer: Casares

Puerto Deportivo de la Duquesa: Kleiner Sporthafen mit Wassersportangeboten.
Golf: Im Club la Duquesa, im gleichnamigen Hotel.

In den **Baños de la Hedionda** (von San Luis de Sabinillas am Fluss Manilva entlang, bei km 3,7 rechts ab) kann man in den Resten römischer Thermen schwefelhaltige Bäder nehmen. Das nahe **Casares** zählt zu den schönsten weißen Dörfern in der Provinz Málaga (Kasten s. S. 55).

Ctra. Sabinillas-Manilva, km 0,2, Finca Villa Matilde, Tel. 952 89 08 45, Mo–Fr 8–15 Uhr.

La Duquesa: Ctra. N-340, km 143, Tel. 952 89 12 11, Fax 952 89 16 30, Luxus.
In Pastelltönen designt, mit Golfclub. Tolle Aussicht auf den grünen Rasen, die Sierra und das Meer.

Chullera II und III: Ctra. N-340, km 141,5 u. 142,5, Tel. 952 89 01 96, 952 89 03 20. Direkt am Meer mit feinsandigen Stränden, mit Eukalyptusbäumen und Gartenanlagen. Chullera III ist nur Juni–Sept. geöffnet.

Mesón del Castillo: Pl. Mayor, s/n, Castillo de la Duquesa, Tel. 952 89 07 66.
Ein über 100 Jahre altes, typisch andalusisches Lokal in Strandnähe. Andalusisch ist auch die Küche: Es gibt Spezialitäten vom Stierschwanz bis zum Fisch aus dem Ofen. Ca. 21 €.

Busse: Zwischen Sabinillas und Estepona, Fuengirola, Torremolinos, Málaga verkehren mehrmals tgl. Busse.

Casares und die weißen Dörfer

Casares, das hübsche weiße Dorf an den rauhen Hängen von Sierra Bermeja und Sierra de la Crestellina, lohnt unbedingt einen Ausflug von der Küste (von San Luis de Sabinillas bzw. Manilva auf der A-369). Der unter Denkmalschutz stehende Ort mit seinen gewundenen Gassen, überragt von den Ruinen einer arabischen Festung aus dem 13. Jh., zeigt noch deutlich arabische Züge. Casares ist Geburtsort von Blas Infante, dem Chefideologen des andalusischen Nationalismus, dessen Geburtshaus besichtigt werden kann (Carrera, 51). Auf dem Weg von Casares nach Ronda (ab Gaucín auf der A-377) passiert man in den Bergen eine ganze Reihe weißer Dörfer: Gaucín, Benarraba, Algatocín, Benalauría, Atajate und Benadalid mit einer kleinen Burg samt Friedhof. Sie erinnern an die maurische Vergangenheit des Landstrichs. Die Route bietet zudem spektakuläre Ausblicke auf die Bergwelt im Hinterland der Küste.

Marbella

Lage: D/E 6
Einwohner: knapp 100 000 (im gesamten Gemeindegebiet)

Marbella liegt im Schutz der Berge der Sierra Blanca. In dem einstigen Salduba scheinen sich bereits römische Patrizier prächtig erholt zu haben. Und diese Tradition setzen heute Urlauber aus aller Welt fort. Besonders in den Sommermonaten Juli und August gilt der Ort als beliebter Treffpunkt von Bänkern und Scheichs, Sportgrößen und Models, deren Gesichter man zumeist von den Boulevard-Zeitschriften kennt. Marbella lockt nicht nur mit 26 km Strand und einem gesunden Klima, sondern auch mit einem kleinen, gut erhaltenen Ortskern, der die typisch mediterran-orientalische Struktur hat. Ihn umwuchern teils noble Hotelkomplexe und Feriensiedlungen wie die Urbanización Nueva Andalucía, die wie das Hafenviertel Puerto Banús (s. S. 67) als ›weißes Dorf‹ im andalusischen Stil errichtet wurde. In der Stadt dreht sich alles um den Fremdenverkehr, sie pflegt sich und strengt sich gewaltig an, für die Reichen und Mächtigen der Erde eine erste Adresse am Mittelmeer zu bleiben. Die drei Sporthäfen, Puerto Banús, Puerto Deportivo Marbella und Cabopino, die zahlreichen Golfplätze und die Super-Luxus-Hotels haben Marbella den Beinamen *milla de oro* (›Goldene Meile‹) eingebracht. Es versteht sich von selbst, daß in Marbella alles ein bisschen teurer ist als an der übrigen Costa del Sol.

Der **Ortskern** mit seinen schmalen, gewundenen Gassen und weißen, blumengeschmückten Häusern ist sehr sehenswert. Im Zentrum liegt die

Plaza de los Naranjos mit einem Renaissancebrunnen (1604), der Ermita de Nuestro Señor Santiago – die erste christliche Kirche der Stadt – sowie der Casa del Corregidor aus dem 17. Jh. und dem Rathaus aus dem 16. Jh.

Iglesia de la Encarnación: Die Rokoko-Kirche (17. Jh.) an der Plaza de la Iglesia birgt das Bildnis des Stadtpatrons San Bernabé.

Castillo: Die ebenfalls im Zentrum gelegene Burg stammt aus arabischer Zeit, möglicherweise aus dem 9. Jh.

La Alameda: Marbellas mit Abstand schönster Park besitzt einen kleinen botanischen Garten mit hübschen Keramik-Bänken zum Ausruhen.

Museo del Grabado Español Contemporáneo: Hospital de Bazán, s/n, Tel. 952 82 50 35, Mo–Fr 10–14, 17.30–20.30, So 10.30–14.30 Uhr, 3 €.
Werke u. a. von Picasso, Miró, Dalí und Tàpies in einem ehemaligen Hospital.

Museo del Bonsai: Parque del Arroyo de la Represa, Tel. 952 86 29 26, tgl. 10– 13.30, 16–19, im Sommer 17–20.30 Uhr, 3 €.
Die Grünanlagen beherbergen ein Bonsai-Museum.

Über 26 km erstrecken sich die Strände Marbellas, von Cabopino bis zur Mündung des Río Guadalmina in San Pedro de Alcántara. Überwiegend sind sie feinsandig, stellenweise jedoch künstlich mit etwas groberem Sand wieder aufgeschüttet. Am vollsten sind die Strände des Zentrums zwischen Fischer- und Sporthafen. Goldfarben ist auch der Strand von **Cabopino** beim gleichnamigen Sporthafen, mit FKK. Richtung San Pedro de Alcántara dunklere Sandstrände.

Ein Blick nach Afrika

Wer gerne wandert, sollte sich zum Refugio de Juanar aufmachen (von Marbella Richtung Ojén). In den Wäldern der Sierra Blanca gibt es wilde Orchideen, Kastanien, Fichten und seltene Tannen. Mit Glück erspäht man Adler, Uhus und Steinböcke. 2 km vom Refugio de Juanar entfernt bietet ein *mirador* phantastische Ausblicke über das Gebirge bis nach Afrika.

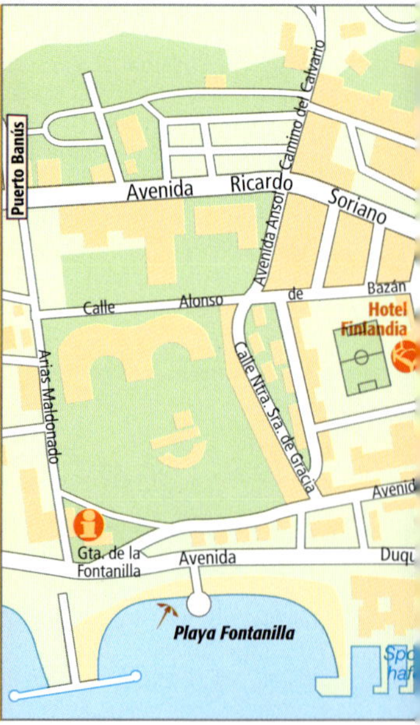

Sporthäfen
Puerto Banús:
Tel. 952 90 98 00, mit rund 1000 Ankerplätzen.
Puerto Deportivo Marbella:
Im Zentrum, Tel. 952 82 58 69.
Puerto Cabopino:
Tel. 952 83 29 75, 952 83 19 75, Richtung Mijas Costa, der kleinste der Häfen.
Wassersport: In den Sporthäfen gibt es Angebote für Wasserski, Tauchen, Surfen, Segeln oder Kanufahren.
Golf: La Dama de Noche, Camino del Ángel, Río Verde, Tel. 952 81 81 50, Fax 952 81 70 06.
Der berühmteste der elf Golfplätze ist rund um die Uhr geöffnet.
Wandern und Bergwandern: Ideale Wandergebiete sind die Sierra Blanca, Serranía de Ronda, Sierra de Líbar, Sierra Crestellina oder das Genal-Flusstal. Auch im Naturpark **Sierra de las Nieves** mit dem Pinsapar-Wald und dem Torrecilla (1918 m) kann man wunderschöne Touren machen. Als Ausgangspunkt bietet sich bei km 136 an der A 376 San Pedro de Alcántara–Ronda der Campingplatz Conejeras an (Tel. 619 18 00 12), hier starten auch geführte Wanderungen (www.sierranieves.com).

Von der Straße nach Cádiz zweigt rechts der Weg nach **Istán** ab, das man auf einem 12 km langen Sträßchen am Stausee La Concepción vorbei erreicht. Das in den Bergen gelegene Dorf mit seinem Gassengewirr und den vielen Brunnen und Quellen, hat noch maurischen Charakter. Ausflügler können sich in den Bars und Restaurants verköstigen. Istán ist Zentrum eines Biosphärenreservats, im nahen Flusstal steht ehern eine 700 Jahre alte Kastanie. In der Umgebung kann man herrlich wandern.

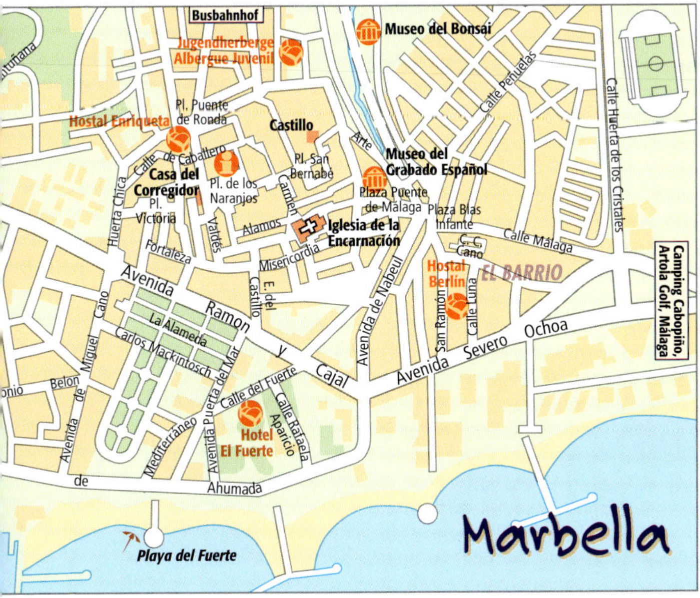

Üben muß, wer dazugehören möchte: Golfschule in Marbella

Gute Wandermöglichkeiten auf beschilderten Wegen bieten sich desgleichen beim **Refugio de Juanar**, das am Weg von Marbella nach Ojén-Coín liegt (Sierra Blanca, Tel. 952 88 10 00, E-mail: juanar@sopde.es, ca. 16 km) – ein schönes, einsam gelegenes Hotel mit Pool und einem Spezialitätenrestaurant (s. Kasten S. 56).

Glorieta de la Fontanilla, s/n, Tel. 952 77 14 42, Fax 952 77 94 57. Pl. de los Naranjos 1, Tel. 952 82 35 50, beide Mo–Fr 9.30–20/21, Sa 10–14 Uhr. E-mail: turismomarbella@ctv.es, wwww.pgb.es/marbella.

Marbella besitzt eine ganze Reihe an Luxushotels, viele liegen an der Hauptstraße N-340. Mit ihren tropischen Gärten und teils eigenen Golfplätzen bieten sie denjenigen, die hier ›diskret urlauben‹ wollen, ein Refugium. Günstige Unterkünfte finden sich etwa im Viertel El Barrio.

Hostal Berlín: San Román, 21, Tel. 952 82 13 10, Fax 952 82 66 77, günstig/moderat.
Familiäres Haus in einer blumengeschmückten Straßen von El Barrio. Zimmer mit Bad und Heizung.

Hostal Enriqueta: Los Caballeros, 18, Tel. 952 82 75 52, günstig/moderat.
Kein Frühstück, nicht alle der 16 Zimmer sind mit einem Bad ausgestattet. Angenehm ist die ruhige Lage in einer Fußgängerzone.

Hotel Residencia Finlandia: Finlandia, 12, Tel. 952 77 07 00, E-mail: finlandia@unet.es, günstig/moderat.
Ein kleines, einigermaßen ruhig gelegenes Hotel, strandnah beim Parque de la Constitución. Die Zimmer im oberen Stock haben einen kleinen Balkon.

Artola Golf: N-340, km 194, Tel. 952 83 13 90, Fax 952 83 04 50, E-mail: hotelartola@inves.es, teuer.
Zwischen Marbella und Fuengirola gelegenes Hotel, 1 km vom Strand, mit 9-Loch-Golfplatz.

El Fuerte: Avda. El Fuerte, s/n, Tel. 952 86 15 00, Fax 952 82 44 11, www.fuertehoteles.com, teuer/Luxus.
Umgeben von tropischen Gärten, beim Paseo Marítimo, nicht gar so uniform wie die meisten großen Hotels. Zimmer mit Meerblick; Schwimmbad, Tennisplätze, Golf.

Jugendherberge: Trapiche, 2, Tel. 952 77 14 91, Fax 952 86 32 27.
Oberhalb des Zentrums. 118 Zimmer für 2–4 Personen, einige für Behinderte ausgestattet. Mit Pool.

Cabopino: Ctra. N-340, km 194,7, Tel. 952 83 43 73.

Unter Pinien mit direktem Zugang zum Sporthafen und zum Strand Cabopino. Mit Schwimmbad, saubere Installationen. Restaurant.
Marbella Playa: Ctra. N-340, 192,8, Tel. 952 83 39 98, Fax 952 83 39 99.
Strandnah, familiäre Atmosphäre. Pool, Selbstbedienungsrestaurant, Cafetería.

Zu den besten *chiringuitos* am Strand gehören **La Pesquera del Faro** beim Sporthafen und **Puerto Playa** beim Fischerhafen.
Tai Pan: Ctra. N-340, km 177,5, Hotel Puente Romano, Tel. 952 77 78 93, nur abends, im Jan/Febr. Mi geschl.
Chinesisches Luxusrestaurant, in dem man die High Society trifft.
Marisquería La Pesquera/Asador Puerta del Príncipe: Pl. de la Victoria, s/n, Tel. 952 76 51 70, 952 877 49 64.
Auf der Terrasse im historischen Zentrum bekommt man fritierten Fisch oder Gegrilltes.
La Taberna de Santiago: Avda. del Mar, 20, Tel. 952 77 00 78.
Bar in der Nähe der Strandpromenade mit exzellenten Tapas.
Bar California: Avda. Severo Ochoa, 21, Ecke C. Málaga, Tel. 952 77 63 22, So geschl.
Kleine, schattige Terrasse, bei den Anwohnern beliebt. Fisch, Meeresfrüchte, regionale Weine. Seemannsdekoration und faire Preise.
La Tabenna del Puerto: Am Fischerhafen, Tel. 952 82 83 25, nur mittags, im Winter Mo geschl.
In der Tabenna (andalusisch für *taberna*) gibt's gegrillten *pescado*, den man sich im Fischbecken aussuchen kann, und Meeresfrüchte, darunter Hummer, rund 30 €.
La Taberna del Alabardero: Muelle Benabola, A-2, Puerto

High Speed in Marbella

Banús, Tel. 952 81 27 94, www.grupolezama.com, 15 Tage im Jan. geschl.
Von der verglasten Terrasse blickt man auf die großen Yachten im Hafen. Das Restaurant gehört dem in Spanien bekannten Ex-Pfarrer Lezama. Feine baskische Küche. Rund 39 €.
Cipriano: Playas del Duque, s/n, Puerto Banús, Tel. 952 81 59 97, tgl. 13–16, 19.30–1 Uhr, 10 Jan–1.Feb. geschl.
Ein typisches Lokal am Eingang zum Yachthafen, andalusische Küche serviert man als *tapas* und Menüs auch auf der Terrasse.

Ein kleiner **Markt** findet jeden Mo am Fußballplatz statt. Sa vormittags verhökert man bei der Stierkampfarena von Nueva Andalucía-Puerto Banús u. a. **Kunst, Kunsthandwerk** und **Antiquitäten.**
Deutsche Buchhandlung: El Fuerte, 2, Tel. 952 86 25 84.

Reiseliteratur, Kinderbücher, Belletristik, Kunst etc.

Die Nacht in Marbella steht unter dem Motto: Sich zeigen! Damit kann man in der Altstadt beginnen, bevor man sich zum Paseo Marítimo und danach in die In-Bars, Diskotheken und Nachtclubs begibt. Bei Nachtschwärmern beliebt sind die folgenden Lokale: **Olivia Valére,** Ctra. de Istán, km 0,8, 800 m von der Moschee; **Marbella Beach Club,** im Hotel Marbella Club (nur im Sommer); **Club Nell´s,** im Hotel Puente Romano; **La Notte,** in der Urbanización Las Lomas, beim gleichnamigen Restaurant; **OH! Marbella,** im Hotel Don Carlos (nur im Sommer); **Rock Club,** Avda. Camilo José Cela und die neue Diskothek **Dreamer's** am Puerto Banus, Ctra. Cádiz km 175.
Casino Marbella: Im Hotel Andalucía, Tel. 952 81 40 00, Fax 952 81 28 44.
Spielautomaten ab 16, Casino ab 20 Uhr bis zum Morgengrauen.

Semana Santa: Mit täglichen Prozessionen. Fest des Stadtpatrons **San Bernabé** vom 7.–14. Juni. Am 16. Juli Meeresprozession zu Ehren der **Virgen del Carmen**.

Busse: Portillo, Av. Trapiche, Tel. 952 76 44 00. Mehrfach tgl. nach Málaga, Fuengirola, Estepona, Ronda, Granada und Gibraltar. Stadtbusse zwischen Marbella, Nueva Andalucía, Puerto Banús und San Pedro de Alcántara.
Mietwagen: Avis: Avda. Ricardo Soriano, 21, Tel. 952 77 37 48. Auch Kleinbusse für 9 Personen. Europcar: Avda. Ricardo Soriano, 38, Tel. 952 86 30 17. Auch Luxuslimousinen.

Mijas/Mijas Costa

Lage: F 6
Einwohner: ca. 36 000

8 km oberhalb von Fuengirola liegt Mijas an den Hängen der gleichnamigen Sierra. Herrlich ist der Blick über die Berge und das Meer. Heute wirkt das schöne weiße Dorf wie eine kuriose Mischung aus Freilichtmuseum und Souvenirladen. Eine Touristenattraktion sind die *burro-taxis* (Esel-Taxis) – mit eigenem ›Taxistand‹. Mit einem solchen Gespann kann man einen Ausflug zur Ermita del Calvario machen, einem spektakulären Aussichtspunkt über die Küste. Obwohl es bessere Strände an der Costa del Sol gibt, hat der Tourismus längst auch die Küstensiedlung Mijas Costa ›erobert‹.

Die **Iglesia Parroquial de la Inmaculada Concepción** wurde im 16./17. Jh. an der Stelle einer arabischen Burg im mozarabischen Stil errichtet.
Ermita de la Virgen de la Peña: Die Einsiedelei liegt beim Mirador El Compás. Das Bildnis der namengebenden Jungfrau ist in einer Felsennische zu sehen.
Casa Museo: Pl. de la Libertad, 2, Tel. 952 59 03 80, tgl. 10–14, 17–20 Uhr.
In dem alten Haus mit hübschem *patio* hat man eine traditionelle Wohnung und eine alte Amtsstube rekonstruiert. Ein Saal ist dem letzten republikanischen Bürgermeister des Ortes gewidmet.
Plaza de Toros und Stierkampfmuseum: Im Sommer tgl. 9–22, sonst 9–18 Uhr.
Die kleine Arena aus dem Jahr 1900 überrascht mit ihrer weder runden noch quadratischen Form.
Carromato de Max: Pl. de la

Die Esel finden heute noch Verwendung: ›*burro-taxis*‹ in Mijas

Virgen de la Peña, im Sommer tgl. 10–22, im Winter 11–19 Uhr. Das von einem Hypnotiseur gegründete Miniaturenmuseum stellt winzigste Gegenstände aus: Eine Linse (Frucht) mit einem Gedicht darauf, Flöhe in traditioneller mexikanischer Tracht etc. Lupen liegen bereit.

La Cala de Mijas hat einen feinsandigen langen Strand und gute Surfbedingungen. Am Strand von **Calahonda** gibt es noch einige unbebaute Zonen.

Golf
Miraflores Golf:
Ctra. 340, km 199, Urbanización La Riviera, Tel. 952 93 19 60.
Mijas Golf: in der Urbanización Mijas Golf, Tel. 952 47 68 43.
La Cala Golf: in der Cala von Mijas Costa, Tel. 952 66 90 33.
La Siesta Golf: Joaquín Urbaneja, s/n, in Sitio de Calahonda, Tel. 952 93 33 62.
Reiten: Überall im Dorf gibt es dazu Angebote. Pferderennen in El Chaparral: Sa 18 Uhr, im Sommer auch später (an der N-340 Fuengirola Richtung Cala de Mijas).
Wandern: Im Rathaus gibt es Informationen zu fünf Routen.

Parque Acuático de Mijas: Ctra. N-340, km 209, Tel. 952 46 04 04, Mai–Okt. tgl. ab 10 Uhr. Wasserspaß für Groß und Klein.

Pl. Virgen de la Peña, im Rathaus, Tel. 952 48 59 00, www.mijas-costadelsol.com, Mo–Fr 9–15, Juli/Aug auch abends, Sa 10-14 Uhr.

Pensión: Coín, 47, Ecke C. Carril, Tel. 952 48 53 10, günstig. Nur 3 Zimmer mit herrlicher Aussicht – familiär, einfach schön!
Club Puerta del Sol:
Ctra. Fuengirola a Mijas, km 4, Tel. 952 48 64 00, Fax 952 48 54 62, moderat/teuer. Auf einer Anhöhe gelegen, mit großem Garten und Wellness.

Hotel Mijas: Urbanización Tamisa, 2, Tel. 952 48 58 00, Fax 952 48 58 25, www.aehcos.com/hotelmijas, moderat/teuer.
1 km vom Ort inmitten von Gartenanlagen und mit Aussicht auf das Mittelmeer. Dazu ein Pool, ein Grillrestaurant und ein englischer Pub – was will man mehr?
Byblos Andaluz: Urbanización Mijas-Golf, Tel. 952 47 30 50, Fax 952 47 67 83, www.hotel-byblos.com, Luxus.
In dieser Nobelanlage mit Blick auf einen Golfplatz stimmt alles bis in die Details. Mit Thalasso-Therapie.

Calazul: Ctra. N-340, km 200, Tel. 952 49 32 19. Mit Bäumen und Pool. 500 m von der Cala de Mijas (über eine Brücke quert man die Autovía).

Molino del Cura: 2 km Richtung Fuengirola, Tel. 952 48 58 13, Di–So ab 19.30 Uhr.
Ein anheimelndes Lokal in einer Mühle aus dem 16. Jh.
Mirlo Blanco: Pl. de la Constitución, 2, Tel. 952 48 57 00.
Die baskischen Gerichte gibt es im Sommer auf der Terrasse, im Winter am Kamin. Ca. 27 €.
La Alcazaba: Pl. de la Constitución, s/n, Tel. 952 59 02 53, Mo geschl.
Küche mit internationalem Akzent, aber auch Paella und Lamm kommen auf den Tisch – während man den Blick auf die Berge und das Meer genießt. Ca. 27 €.
Restaurante Pizzería José: Parque Reina Fabiola, 1, Tel. 952 49 40 50.
Fleisch und Fisch vom Grill. Terrasse an der Cala de Mijas. Ca. 18 €.

San Antón am 17. Jan.; **Feria de Mijas** in der zweiten Septemberwoche zu Ehren der Virgen de la Peña; **Feria de la Cala** in Mijas Costa am 25. Juli.

Busse: Zahlreiche Verbindungen mit Fuengirola von 7–22 Uhr, auch nach Benalmádena, Torremolinos und Mijas Costa.

Mojácar

Lage: R 3
Einwohner: ca. 4400

Ein Spaziergang durch die krummen Gassen dieses weißen Ortes hat noch immer etwas Magisches. Mojácars Häuser stapeln sich auf einem Hügel der Sierra de Cabrera. Das Zentrum ist voller Bars, Restaurants und Läden mit Kunsthandwerk. Herrlich ist der Ausblick vom Mirador an der Plaza Nueva und von den Ruinen des Castillo. Am Fuß des Dorfes erstrecken sich schöne Strände mit Hotels und Ferienanlagen.

Iglesia de Santa María: Der wehrhafte Bau aus dem Jahr 1560 war vermutlich früher Teil einer Moschee (nur während der Messen geöffnet).
Puerta de la Ciudad: Zu den verbliebenen Resten der Stadtmauer gehört das 1574 errichtete Stadttor mit dem Stadtwappen, einem Geschenk der Habsburger Könige.
Fuente mora: An diesem öffentlichen ›Mauren-Brunnen‹ mit zwölf Wasserspeiern, am Ortsrand, soll die arabische Stadt an die Christen übergeben worden sein.

Mojácar hat kilometerlange Sandstrände. In **Vera** (10 km) gibt es einen Nudistenstrand. Richtung Carboneras kommt man über die Piste, die beim Castillo de

Macenas abzweigt, zu den wunderschönen, etwas abgelegenen Strandbuchten **Macenas, Sombrerico, la Granatilla** und **Macanas** (in letzterer öffnet im Sommer ein *chiringuito*).

Wassersport
Samoa Surf:
Tel./Fax 950 47 84 90. Am Strand von Pueblo Indalo, bietet Segeln, Windsurfen, Kanu, Wasserski.
Fahrradvermietung:
Tel. 670 32 03 41.

Garrucha: 5 km von Mojácar liegt dieses Städtchen mit großem Hafen, in dessen Restaurants man fangfrischen Fisch bekommt. Am Hafen werden auch Bootsexkursionen zum Cabo de Gata angeboten. Infos über Bootstouren: Tel. 639 21 75 05.
Sorbas: 37 km Richtung Almería auf der N-370 befindet sich dieses Dorf, dessen Häuser an den Felsen über dem Río Aguas hängen. Im Töpferviertel brennt man Tonwaren in maurischen Öfen. Natur-Sport organisiert Erkundungstouren in die umliegenden Höhlen (Tel. 950 36 47 04, www.cuevasdesorbas.com).

Pl. Nueva, s/n, Tel./Fax 950 47 51 62, www.mojacarviva.com, Mo– Fr 10–14, 17–19, Sa 10–13 Uhr (im Sommer länger).

Zwei Pensionen mit viel Atmosphäre oben im Ort:
El Torreón: Jazmín, 4–6, Tel. 950 47 52 59, moderat.
Die fünf Zimmer der kleinen Pension, einst die Wohnung des Dorfarztes, sind liebevoll im Jugendstil ausgestattet. Besonders schön ist die Nr. 5. Herrliche Balkonaussicht.
Mamabel's: Embajadores, 3, Tel./Fax 950 47 24 48, moderat.

Idyllisch: die Pensión El Torreón in Mojácar

Sechs mit Werken örtlicher Maler geschmückte Zimmer – mit Blick aufs Meer. Nr. 1 ist am schönsten und auch etwas teurer. Die Mini-Pension gehört dem belgischen Schriftsteller Jean Maríe Raths und seiner Frau Isabel Aznar, ›Mamabel‹, die zugleich ein gutes Restaurant führt.
Hotel Río Abajo: Playa La Rumina,Tel. 950 47 89 28, Fax 950 47 22 89, 15. Okt.– 1. April geschl., moderat.
Anlage im Bungalowstil mit 19 Zimmern direkt am Strand; mit tropischem Garten.
Vera Playa Club: Ctra. Garrucha a Villaricos s/n, Tel. 950 46 74 75, Fax 950 46 74 76, E-mail: info@hotelesplaya.com, Ende Okt. bis Ostern geschl., teuer/Luxus.
Nudistenhotel mit 282 Zimmern in Vera, 10 km von Mojácar, direkt am Strand. Mit Schwimmbad.
Parador de Mojácar, Playa de Mojácar, Tel. 950 47 82 50, Fax 950 47 81 83, teuer.

Staatliches Hotel mit Schwimmbad und Gartenanlagen.

El Cantal: Am Po. Mediterráneo, Richtung Carboneras, Tel. 950 47 82 04.
Ein großer, schattiger Platz, 50 m vom Sandstrand entfernt.

Zahlreiche Restaurants und *chiringuitos* säumen Küste.
Casa Juana: Enmedio, 10, im Zentrum, Tel. 950 47 80 09.
Regionale sowie französische Küche. Lokal mit kinematographischer Dekoration, ab 24 €
Escánez: Paseo Marítimo, 99, Tel. 950 46 02 78.
Fangfrischer Fisch, Meeresfrüchte.
El Almejero: Tel. 950 46 04 05.
Auf der Terrasse am Hafen werden z. B. *Gambas de Garrucha* serviert.

Die nächtliche *movida* spielt sich in der C. del Horno ab. Außerdem trifft man sich im **Budú,** C. Estación Nueva, in der Bar **El Sahara** und im **Pavana** beim Ortseingang durch die C. Glorieta, im Sommer auch an den *chiringuitos* am Strand oder in den Diskotheken unter freiem Himmel. Bekannt sind das **Zig-Zag, El Patio** (an Wochenenden Konzerte), **El Cid, El Kontiki, El Tito's, Aku-Aku.**

In der ersten Junihälfte Fest der **Mauren und Christen** mit Tanz, Feuerwerk und Umzug. **San Juan**, am 24. Juni mit Feuern am Strand. **San Agustín**, Fest des Stadtpatrons, am 28. Aug.

Busse: Vom Hotel Indalo nach Garrucha und Vera, nach Carboneras nur Do und Sa morgens (Autocares Baraza: Tel. 950 39 00 53). Vom Dorf und dem Centro Comercial nach Sorbas, Tabernas, Granada und Almería.

Motril

Lage: K 5
Einwohner: ca. 50 000

Die kleine Kapitale der Costa Tropical, der granadinischen Küste, bietet keine besonderen Sehenswürdigkeiten. Mit der Herstellung von Zucker und der Verarbeitung subtropischer Früchte, die in der Umgebung angebaut werden, ist Motril ein wichtiges Landwirtschaftszentrum. 2 km entfernt an der Küste liegt der Fischerhafen Puerto Motril, den in der Abenddämmerung die Fangboote ansteuern.

Am beliebtesten sind die dunkelsandigen, teils kieseligen **Playa de Poniente** und die **Playa de Granada** nahe Salobreña. Richtung Castell de Ferro gibt es weitere Strände, so in **Torrenueva,** 4,5 km von Motril; oder den versteckt zwischen Felsen gelegenen Nudistenstrand von **La Joya** vor dem Leuchtturm von Sacratif (5,5 km). Die Bucht von **Calahonda** eignet sich zum Windsurfen, die Gewässer vor den Stränden von **Carchuna** sind tief. Die **Playa de Ritjana,** kurz vor Castell de Ferro, liegt einsam zwischen Felsen in einer Bucht unterhalb der N-340. Tauchmöglichkeiten und Bootsexkursionen.

Castell de Ferro: Das alte Fischerdorf, das zur Gemeinde Mortil gehört, liegt 14 km Richtung Almería.
Gualchos: 7 km landeinwärts in den Ausläufern der Sierra de Lújar gelegen, besitzt das kleine Bergdorf eine traditionelle Architektur.
La Rábita: Gut 20 km hinter Castell de Ferro liegt dieser kleine Fischerort mit Flair, allerdings mit wenig attraktiven Stränden.

Club Los Moriscos: Tel. 958 82 55 27, an der Playa de Granada. Golfplatz mit 9 Löchern.

Marquesa de Esquilache s/n, in der Casa de la Palma, Tel. 958 82 35 91, Mo–Fr 10–14, 17–19 Uhr, im Sommer länger.

Gran Hotel Motril: Playa de Poniente, s/n, Tel. 958 60 77 44, Fax 958 60 77 76, moderat/teuer. Familiäres Hotel in Hafennähe mit schöner Gartenanlage, Hallenbad, Sauna und Restaurant.
Casa de los Bates: Richtung Almuñecar, Ctra. N-340, km 329,5, Tel. 958 34 94 95, Fax 958 34 91 22, teuer. Palast aus dem 19. Jh. Allein die Gärten lohnen einen Besuch.

Camping Playa de Poniente: Playa de Poniente, s/n, Tel. 958 82 03 03. Mit Restaurant, Pool und Sportanlagen. Es gibt auch Bungalows für 2–6 Personen. Ein ruhiger Ort.
Don Cactus: Ctra. N-340, km 343, in Carchuna, Tel. 958 62 31 09, www.doncactus.com. Nahe am Strand, Möglichkeiten zum Fischen und Windsurfen.

Im Fischerviertel bereiten einige Tavernen, z. B. das **El Dorado,** den frischen Fang zu.
Marquesina Puerto: Urb. Puerto Mediterráneo, Playa de Poniente, Tel. 958 60 80 08, außer im Sommer Mo geschl. Auf frischen Fisch und Meeresfrüchte spezialisiert, ca. 21 €.

Cruces de Mayo am 3. Mai. Am 16. Juli Meeresprozession zu Ehren der **Carmen,** am 15. Aug. **Virgen de la Cabeza.**

Busse: Nach Salobreña stündlich zwischen 7.20 und 21.20 Uhr. Nach Granada mehrfach tgl. zwischen 6.30 und 21.30 Uhr, Sa/So seltener.

Nerja

Lage: J 5
Einwohner: ca. 15 000

Nerja ist das bedeutendste touristische Zentrum der östlichen Costa del Sol. Dennoch blieb die traditionelle Architektur des Dorfes gut erhalten. Besucher wie Einheimische zieht es zum berühmten Balcón de Europa, einen Platz auf einem ins Meer vorstoßenden Felsen, von dem sich herrliche Ausblicke auf die See bieten. Östlich des ›Balkons‹ reihen sich pittoreske Strandbuchten bis zum benachbarten Weiler Maro bzw. bis zu den Felsbuchten von Maro-Cerro Gordo, die versteckt zwischen Wachttürmen liegen.

Cuevas de Nerja: 4 km Richtung Maro (vom Ort aus Busse), Tel. 952 52 95 20, tgl. 10–14, 16–18.30, im Juli/Aug. bis 20 Uhr, 4,80 €. Vor 35 000 Jahren lebten in der riesigen Tropfsteinhöhle Menschen. Entdeckt wurde sie aber erst im Jahr 1959. Auf 4 km Länge gliedert sie sich in mehrere ›Säle‹ mit einem ›Wald‹ aus Stalaktiten und Stalagmiten. Ein besonders auffälliges Exemplar ist die große Säule in der Sala del Cataclismo. In der Sala de la Cascada werden sogar Konzerte gegeben (im Juli Musik- und Tanzfestival).
Iglesia de El Salvador: Die Ortskirche, ursprünglich eine Mudéjarkirche, wurde im 17. Jh. im üppigen Stil des Barock überformt.

Vamos a la playa: Sonnenbad bei Nerja

Eine idyllische Strandbucht befindet sich unterhalb des ›Balkons‹. An der längeren **Playa de Burriana** (am östlichen Ortsrand) liegen ein paar Fischerboote. Nahe Maro, zwischen den Feldern bergab gehend, findet man die ruhige Bucht von Maro. In östlicher Richtung schließen sich zahlreiche schöne Felsbuchten an.

Wandern: Durch das Tal des Río Chillar, teils von steilen Felsen gesäumt, führt ab Nerja ein reizvoller Wanderweg. Achtung: nicht in der Regenzeit möglich, wenn sich der Fluss mit Wasser füllt. Auch die Schlucht von Maro-Cerro Gordo ist ein interessantes Wandergebiet.
Club Nautique Nerja: Castilla Pérez, 2, Tel. 952 52 46 54.
Hier organisiert man zahlreiche sportliche Unternehmungen.

Frigiliana, knapp 6 km landeinwärts in bergiger Umgebung gelegen, ist ein pittoreskes, weißes Dorf. Es gehört zweifellos zu den schönsten in der Provinz Málaga (Extra-Tour 3, s. S. 88).

Puerta del Mar, 2,
Tel. 952 52 15 31,
Mo–Fr 10–14, 17–20.30 (im Winter 17–20), Sa 10–13 Uhr.

Pensión Mena: El Barrio, 15,
Tel. 952 52 05 41, günstig.
Sehr einfache Zimmer, teils mit eigenem Bad, im Ortszentrum.
Portofino: Puerta del Mar, 2,
Tel. 952 52 01 50, Okt. und Karwoche geschl., moderat.
Nahe am ›Balcón de Nerja‹, entsprechend ist die Aussicht. Eines der ältesten Hotels an der Küste.
Los Caracoles: Ctra. Frigiliana-Torrox, km 4,6, 11 km von Nerja,
Tel. 952 03 06 80, Fax 952 03 06 09, www.hotelloscaracoles.com, moderat/teuer.
Hotel in Form eines Schneckenhauses auf einem Hügel inmitten von Oliven. Interessantes Design auch in den Zimmern. Restaurant.
Paraíso del Mar: Prolongación de Carabeo, 22, Tel. 952 52 16 21,
Fax 952 52 23 09, moderat/teuer.
12 gut möblierte Zimmer, Pool und Blick auf die Playa Burriana.
Casa Maro: Carmen, 2, Maro,
Tel. 952 52 96 90,
Fax 952 52 95 52, teuer.
Acht Zimmer, einige als Studio für zwei Personen mit Küche in einem stilvollen, über 100 Jahre alten Haus. Schöne Aussicht.
Balcón de Europa: Paseo Balcón de Europa, 1, Tel. 952 52 08 00,
Fax 952 52 44 90, teuer/Luxus.
Das berühmteste Hotel der Stadt –

mit Ausblick auf die Playa de la Caletilla. 1995 komplett renoviert.
Parador de Turismo: Almuñécar, 8, Tel. 952 52 00 50, Fax 952 52 19 97, teuer/Luxus. Das Beste sind die Aussicht über die Playa de Burriana und die große Gartenanlage mit Pool.

Nerja Camping: Ctra. N-340, km 297, 4 km von Nerja, 1 km von der Höhle, Tel. 952 52 97 14, Okt. geschl. Ein ansprechender, kleiner, pittoresker Platz mit Pool.

Unter den *chiringuitos* ist das **Ayo** an der Playa Burrina für Paella und Fleisch berühmt. Auch das Lokal an der ruhigeren **Playa Maro** ist zu empfehlen.
Mesón Patanegra: Pl. La Marina 1 (Tomé-Haus), Tel. 952 52 02 22, im Sommer So und Mi abends, im Winter So geschl. sowie im Nov. Das typische Haus in andalusischem Stil ist auf Lamm und Schinken spezialisiert.
Casa Luque: Pl. Cavana, 2, Tel. 952 52 10 04, tgl. geöffnet. Schönes Restaurant in einem Haus aus dem 19. Jh. Baskisch-andalusische Küche ab 24 €.
La Fonda: Gloria, 13, Cristo, 35, Tel. 952 52 49 74. Fisch, Fleisch und *mariscos* in schönem Innenhof, ab 21 €.
El Pulguilla: Bolivia, 1, Tel. 952 52 13 84, im Winter Mo geschl. Hier merkt man, dass es in Nerja neben Touristen auch noch Bewohner gibt. Guter Fisch in jugendlich-familiärem Ambiente.

Di morgens Markt auf der Flaniermeile Rambla Río Chillar.
Manos: Pintada, 8. Kunsthandwerk aus Holz, Metall, Keramik und Leder.

Das Nachtleben von Nerja spielt sich rund um die **Plaza Tutti Frutti** ab.
Peña flamenca La Soleá: Granada, 11, Tel. 952 52 12 74. Live-Musik rund um den Flamenco. Sa häufig Vorstellungen.

Karwoche. Maifest **Cruces de Mayo**, am 3. des Monats. **San Juan** (s. S. 15) am 23. Juni. **Virgen del Carmen**, 16. Juli, mit Meeresprozession. 9.–13. Okt. Fest der **Virgen de las Angustias** mit Jahrmarkt **San Miguel**. Im Juli finden die berühmten **Festivales de las Cuevas de Nerja** mit Musik und Tanz in der Höhle statt.

Busse: Tel. 952 52 15 04. Nach Frígiliana Mo–Sa mehrere Busse zwischen 7.15 und 20.30 Uhr; nach Málaga von 7.30–20.25 Uhr fast stündlich. Tgl. nach Torrox und Almuñécar, nach Maro Mo–Fr. **Mietwagen:** Europcar: Tel. 952 52 61 51.

Puerto Banús

Lage: D 6

Puerto Banús mit seinen ca. 1000 Ankerplätzen gilt seit seiner Eröffnung im Jahr 1970 als eines der mythischen Symbole Marbellas. Die luxuriösesten Yachten der Welt ankern hier. Auch wenn der Glanz von einst verblasst ist, zählt Puerto Banús noch immer zu den vornehmsten Sporthäfen am Mittelmeer. Rund 4,5 Mio. Menschen kommen jährlich, um die Luxusboote im weißen Gebäudekranz arabo-andalusischen Stils zu bewundern, der Geschäfte, Restaurants und Eisdielen beherbergt. Aus Marbellas Nightlife ist Puerto Banús nicht wegzudenken.

Zwei Grazien am Yachthafen Puerto Banús

Rincón de la Victoria

Lage: G 5
Einwohner: ca. 19 000

Davon, dass Rincón ein uralter Siedlungsort ist, kann man sich in der Cueva del Tesoro überzeugen (s. u.). Zu den insgesamt drei Ortskernen gehören noch **La Cala del Moral** und **Torre de Benagalbón,** die allesamt touristisch nicht von größerer Bedeutung sind. Die Holzboote der Fischer, die auf phönizische Ursprünge verweisen, sind mit einem Auge bemalt. Nach traditioneller Art betreibt man mit ihnen küstennahen Fischfang.

Cueva del Tesoro: Zwischen Cala del Moral und Rincón, rechts der Ausfahrt Richtung Málaga, Tel. 952 40 61 62, im Sommer tgl. 10–14, 16–20, sonst 10–14, 15–18 Uhr, Einlass bis 1 Std. vor Schließung, 3,60 €. In der vom Meer ausgespülten ›Schatzhöhle‹ finden sich noch Reste prähistorischer Malereien. In arabischer Zeit war man überzeugt, sie berge einen Schatz.

Añoreta Golf: Avda. del Golf, s/n, Tel. 952 40 40 00, Fax 952 40 40 50. Der 18-Loch-Platz gehört zur *urbanización* El Olivar. Schule, Ausrüstungsverleih.

Pl. del Ayuntamiento, im Rathaus, Tel. 952 40 77 68, www.rincondelavictoria.com, Mo–Fr 10–14 Uhr.

Molino de Santillán: Ctra. de Macharaviaya, Abzweig bei km 3, Tel. 902 12 02 40, Fax 952 40 09 50, www.costadelsol.spa.es/hotel/msantillan, 10. Jan–1. März geschl., teuer.
Ein Neubau im andalusischen Landhausstil bei einer alten Mühle – in ruhiger Umgebung unweit der Küste. Schwimmbad.

Restaurants und *chiringuitos* bieten fritierten Fisch am Paseo Marítimo.

Estación Término: Estación, 18, Tel. 952 40 10 96, Di–Fr ab 19 Uhr, Sa/So auch mittags, Ende Dez. bis zur Karwoche geschl. Kreative Küche, 25 m vom Strand in der Cala del Moral und bei der alten Zugstation. Ab 15 €.

Regatten der örtlichen Fischerboote *(jábegas)* Anfang Juli in der Cala del Moral und Mitte Juli in Rincón de la Victoria.

Busse: Alle 30 Min. nach Málaga, außerdem nach Torre del Mar, Torrox und Nerja.

Ronda

Lage: D 5
Einwohner: ca. 34 000

Das Wahrzeichen Rondas ist der Tajo, eine tiefe Schlucht mit dem Río Guadalevín, welche die Stadt zweiteilt: Auf der einen Seite liegt die alte maurische Stadt, teils noch mauerumgeben, auf der anderen das neue, ab dem 16. Jh. erbaute Ronda. Der Puente Nuevo von 1793, eine fast 100 m hohe Brücke, verbindet die beiden Ortskerne ebenso wie der Puente Viejo aus dem 17. Jh. und auch der Puente Árabe aus dem 14. Jh. Ronda liegt in einer herrlichen Berglandschaft, die einst die Heimat sagenumwobener *bandoleros* war (Extra-Tour 2, s. S. 86f.).

Iglesia de Santa María la Mayor: Pl. Duquesa de Parcent, Tel. 952 87 22 46, tgl. 10–19/20 Uhr, 1,50 €.
Ferdinand der Katholische ließ diese Kirche im Jahr der Eroberung Rondas (1485) in Auftrag geben. Sie steht an der Stelle der ehemaligen Hauptmoschee, an die noch ein Hufeisenbogen und Reste der Gebetsnische (Mihrab) erinnern. Sehenswert im Innenraum, der im Stil der Gotik und Renaissance gestaltet ist, sind der Barockaltar des Trascoro und das geschnitzte Chorgestühl (18. Jh.). Der Turm ist ein umgebautes Minarett.

Iglesia Virgen de la Cabeza: Abzweigung nach 2 km auf der Straße Richtung Algeciras, Mo–Fr 10–14, 16-18, Sa/So 10–15, im Sommer bis 19 Uhr, 1,20 €.
Mozarabische Höhlenkirche aus dem 9./10. Jh. innerhalb des Felsenklosters Cuevas de San Andrés.

Palacio de Mondragón: Pl. de Mondragón, Tel. 952 87 84 50, Mo–Fr 10–18/19, Sa–So 10–15 Uhr, 1,80 €.
Kleines Stadtmuseum in einem hispano-arabischen Palast (1314).

Arabische Bäder: Beim Fluss unterhalb des Puente Romano, Tel. 952 87 38 89. Mi–Sa 9.30–15.30, Di 9.30–13.30, 16-18 Uhr.
Nasridische Anlage aus dem 13. Jh.

Palacio del Marqués de Salvatierra: C. Marqués de Salvatierra, nur von außen zu besichtigen.
Im Stil der Renaissance, im 18. Jh. umgebauter typischer Palast des andalusischen Landadels.

Casa del Rey Moro: Cuesta de Santo Domingo, 17, tgl. 10–19/20 Uhr, 3,60 €.
Zum Haus des 18. Jh. mit zwei neomudéjaren Türmen gehören schöne Gärten, die der Architekt Forestier anlegte. Unter dem Bau liegt, über 200 Treppenstufen tief, La Mina, eine unterirdische Verteidigungsanlage des 14. Jh.. Der maurische Herrscher Abomelic soll sie in Auftrag gegeben haben.

Plaza de Toros: Virgen de la Paz, s/n, Tel. 952 87 41 32, tgl. 10–19/20 Uhr, 3 €.
Ein barockes Portal führt in die aus Stein erbaute Arena Rondas mit

schönem Säulenrund. Die wohl älteste Arena des Landes wurde 1785 durch Pedro Romero eingeweiht. Goya zeichnete den berühmten Stierkämpfer mehrfach.

Pferdeausritte: Picadero La Granja, Camino de los Molinos, Tel. 952 87 59 56.
Auf den Spuren von Wegelagerern und Schmugglern oder zur Cueva de la Pileta und zu den Römerruinen von Acinipo.
Ballonfahrten: Aviación del Sol, Tel. 952 87 72 49.
Wandern: s. S. 57.

Cueva de la Pileta: Zunächst Richtung Sevilla halten, dann der Beschilderung folgen, 22 km, tgl. 10–13, 16–17 Uhr, Eintritt 5,40 €., Info-Tel. 952 16 73 43.
Die Höhle in den Ausläufern der Sierra de Grazalema entdeckte 1905 ein Bauer. Sie beherbergt prähistorische Felszeichnungen, die bis zu 25 000 Jahre alt sind.
Cueva del Hundidero-Gato: 1 km vom Bahnhof in Benaoján. Diese in frühgeschichtlicher Zeit ebenfalls bewohnte Höhle kann man bis zum Ausgang bei Montejaque entlang dem Flüsschen Río Guadares durchwandern (4,5 km).

Pl. de España, 1, Tel. 952 8712 72, www.ronda.net, Mo–Fr 9–19, Sa/So 10–14 Uhr.
Turismo de Ronda, Paseo Blas Infante, s/n, Tel. 952 18 71 19, Mo–Fr 9.30–19.30, Sa/So 10–14, 15–18.30 Uhr, im Winter kürzer.

Hostal Biarritz: Almendra 7, Tel. 952 87 29 10, günstig.
Einfache Zimmer mit und ohne Bad in einem rondeñischen Haus.

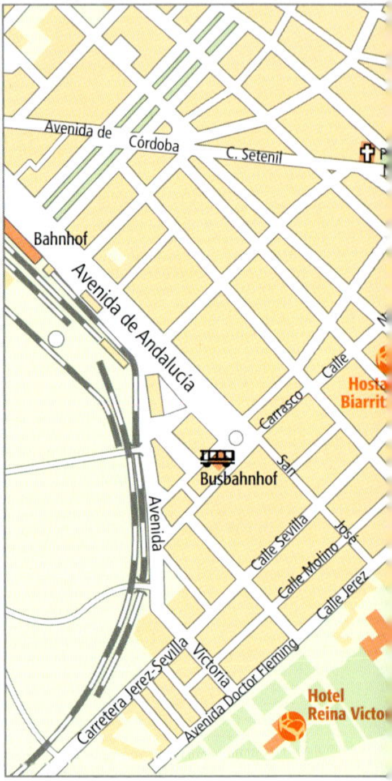

Don Miguel: Villanueva, 8, Tel. 952 87 77 22, Fax 952 87 83 77, moderat.
Die Lage ist etwas Besonderes, der Ausblick von den oberen Zimmern auf die Schlucht ebenfalls. Und das Restaurant im Haus zählt zu den besten der Stadt.
La Española: José Aparicio, 5, Tel. 952 87 10 51, Fax 952 87 80 01, www.ronda.net/usuar/laespanola, teuer.
Zimmer und Suiten im traditionellen Landhausstil. Mit Restaurant.
Parador de Turismo de Ronda: Pl. de España, s/n, Tel. 952 87 75 00, www.parador.es, Fax 952 87 81 88, teuer/Luxus.
Von den Balkonen blickt man direkt in die Schlucht. Ein sehr stilvolles Hotel hinter den alten Fassaden von Rathaus und Markthalle.
Ferien auf dem Land: s. S. 25.

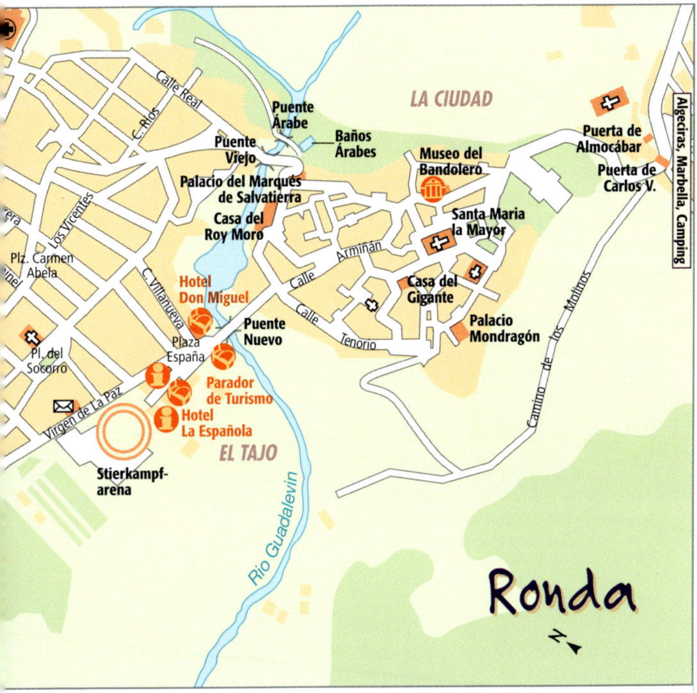

El Sur: An der Straße Richtung Algeciras, km 1,5, Tel. 952 87 59 39, Fax 952 87 70 54, www.campingelsur.com.
In schöner Lage auf einem Terrain mit Oliven- und Mandelbäumen sowie Eichen; Schwimmbad, Mini-Golf, Radverleih und Restaurant.

Für den kleinen Hunger empfehlen sich die Tapa-Bars in der typischen Calle Pedro Romero: z. B. Meeresfrüchte, luftgetrocknete Schinken oder Käse im **El Portón** oder der **Bodega la Verdad**.
Pedro Romero: Virgen de la Paz, 18, Tel. 952 87 11 10.
Das Lokal mit dem Namen des berühmtesten Stierkämpfers der Stadt liegt gegenüber der Arena. Neben Stierschwanz auch Bohnen mit Paprika- und Blutwurst.
Don Miguel: Pl. de España, 3, Tel. 952 87 10 90,
im Jan. 14 Tage geschl.
Der Blick von der Terrasse auf den Tajo ist ebenso unvergesslich wie das Spanferkel auf dem Teller.

Nonnen von Las Carmelitas Descalzas, Pl. de la Merced, 2, und des Convento de Patrocinio im San Francisco-Viertel verkaufen selbstgemachte **Süßwaren.**

Nuestra Señora de la Paz am 24. Jan. **Semana Santa,** Mo–Fr Prozessionen.
Fiestas de Pedro Romero in der 1. Hälfte im Sept.: Zur Erinnerung an den Stierkämpfer werden sog. *corridas goyescas* in Trachten der Zeit Goyas (um 1800) veranstaltet.

Busse: Vom Busbahnhof (s. Plan) tgl. Busse nach Se-

Kunstvoll ist sicher beides: das Abmalen der Brücke über der Schlucht bei Ronda ...

villa, Málaga, Torremolinos, Fuengirola, San Pedro de Alcántara, Marbella.
Züge: Nach Algeciras, via Bobadilla (umsteigen) nach Córdoba, Sevilla, Granada und Málaga.

Roquetas de Mar

Lage: O 5
Einwohner: ca. 37 000

Roquetas de Mar ist heute *das* Touristenzentrum der Costa de Almería. Der Fremdenverkehr bestimmt an den Stränden von Roquetas Urbanización und an der **Playa Serena** das Bild. Roquetas selbst, wenig entfernt im Landesinnern, ist ein alter Fischerort. Dieses Flair spürt man noch am Fischerhafen bei den Schiffsausrüstern und besonders am Morgen, wenn die Fischer vom Meer zurückkommen und ihr Fang in der Börse versteigert wird.

Vom **Castillo de Santa Ana,** beim Hafen, verblieb ein Turm. Die **Iglesia de Nuestra Señora del Rosario** (18. Jh.), im Zentrum des Dorfes, beherbergt ein schönes Retabel.

Rund 20 km hellsandiger Strand. Den Strand von **Roquetas Urbanización** säumt eine Meerespromenade. Die **Playa de la Romanilla** erstreckt sich vom Hafen Richtung Aguadulce, seine Verlängerung bilden die Strände Palmeral de Turaniana bzw. Las Palmerillas. Richtung Süden befindet sich die 2 km lange, breite und feinsandige **Playa Serena.** Die abgelegenere, schöne **Playa Cerrillos** (3 km) ist FKK-geeignet.

Sporthafen:
Tel. 950 32 29 09,
Fax 950 32 01 44.
Windsurf-Schule:
An der Playa Serena.
Golf: Urbanización Playa Serena,
Tel./Fax 950 33 30 55.
Ein 18-Loch-Platz nahe dem gleichnamigen Strand.

Avda. del Mediterráneo, 2,
in Roquetas Urbanización,
Tel. 950 33 32 03, Mo–Fr 9.30–14, 17.30–19, Sa 9.30–13 Uhr, im Sommer 1 Std. zeitverschoben;
im Nov., Jan., Febr. nur morgens.

Mediterráneo Park: Pez Espada s/n, Urbanización Roquetas, Tel. 950 33 32 50, Fax 950 33 33 21, www.mediterraneo-park.com, moderat/teuer. Bunter Bau am Strand mit Innenhöfen, Pools und tropischen Gärten.
Hesperia Sabinal: Avda. Gaviotas, Tel. 950 33 36 00, Fax 950 33 35 33, www.hoteles.hesperia.es, moderat/teuer.
Das Haus mit 426 Zimmern,

... und das mühsame Flicken der Fischernetze

Schwimmbad und Gartenanlagen steht unmittelbar am Strand.
Zafiro: Avda. del Mediterráneo, s/n, Tel. 950 33 42 00, Fax 950 33 42 08, moderat/teuer. 200 m vom Strand in Roquetas Urbanización, mit Schwimmbad, Gärten und Restaurant.
Hoteles Playa: Reservierungszentrale in der Avda. del Sabinal, s/n, Tel. 950 62 71 60, Fax 950 33 36 55, www.hotelesplaya.com, moderat/teuer.
Die Kette unterhält Drei- und Vier-Sterne-Häuser.

Camping Roquetas: Ctra. Los Parrales, s/n, Tel. 950 34 38 09, Fax 950 34 25 25. Familienfreundlich, mit Pool, nahe der Playa El Palmeral de Turaniana.

Taberna Marcelino: Av. de Juan Carlos I, 26, Roquetas Urbanización, Tel. 950 32 87 01. Urige Pinte mit Holz-Interieur. Lokale Küche und Wurstspezialitäten
Al-baida: Avda. de las Gaviotas, s/n, in Playa Serena.
Tel. 950 33 38 21, Mo sowie 15. Jan.–20. Febr. geschl.
Frischer Fisch und Meeresfrüchte, Menü ab 18 €.
El Patio Salao: Im Zentrum der Urbanización Playa Serena.
Tapas und *raciones* in angenehmem Ambiente. Fr/Sa gibt's Flamenco-Gitarre live. Ab 12 €.

Im **Fudpuckers,** im Gebäude Las Garzas in der Urbanización Playa Serena, treffen sich Jazzliebhaber zu Live-Konzerten.

Hafenfest, zu Ehren der Virgen del Carmen und Santa Ana, vom 24.–27. Juli. **Virgen del Rosario** am ersten So im Okt. In Roquetas Urbanización ehrt man die **Virgen de los Vientos** am 15. Aug. mit Feuerwerk und Stierkämpfen.

Busse: Mehrmals tägl. nach Almería, Aguadulce und Almerimar. Auch Busse vom Dorf zu den *urbanizaciones*.

Salobreña

Lage: K 5
Einwohner: ca. 10 500

Salobreña, ein alter, noch intakter Ort, thront mit seinen gewundenen, zum Teil steilen Gassen und den weiß gekalkten Häusern auf einem Felsen über dem Meer. Bereits Phönizier und Römer siedelten hier, bevor der Ort in arabischer Zeit seine noch heute sichtbare Struktur erhielt. Lohnend ist ein Bummel durch den Ortskern und die volkstümlichen Viertel El Brocal oder El Albaycín, die von einem majestätischen Kastell bewacht werden. Von oben genießt man eine herrliche Aussicht. Besucher zieht es auch an den Strand, an dem sich wahrzeichenhaft ein Felsen erhebt: El Peñón. Zuckerrohrfelder und Plantagen mit subtropischen Früchten erstrecken sich bis fast zum Meer.

Castillo: Tel. 958 61 27 33, tgl. 10.30–14, 16–20/22 Uhr, 2,50 €.
Über Resten phönizischer und römischer Verteidigungsanlagen bauten die Nasriden ihre Burg, eine Mischung aus Militär- und Palastarchitektur.
Iglesia del Rosario: Zu Messezeiten geöffnet; für Gruppen schließt die Touristeninfo auf.
Die im 16. Jh. im Mudéjarstil gebaute Kirche liegt oben im Ort. Man errichtete sie an der Stelle einer ehemaligen Moschee. Der Innenraum brannte 1821 aus. Man beachte den zinnenbewehrten Turm und das kachelverzierte Seitenportal.

Pl. de Goya, s/n, Tel. 958 61 03 14, Mo–Fr 9.30–13.30, 17–19/20, Sa nur morgens.

Pensión San José: Cristo 96, Tel. 958 61 03 54, günstig.
In dieser 200 Jahre alten *casa* mit typischem *patio* hat man das Gefühl, in Großmutters Haus zu schlafen. Es gibt zwar nur Gemeinschaftsbäder, sie sind aber sauber.
Pensión Mari Carmen: Nueva, 30, Tel. 958 61 09 06, günstig.
Eine winzige Unterkunft netter Wirte. Doppelzimmer mit Bad in einer Gegend abschüssiger Gassen.
Hotel Salobreña: N-340, km 341, Tel. 958 61 02 61, Fax 958 61 01 01, moderat.
300 m von der Straße, mit angeschlossenem Taucherclub.

El Pesetas: Bóveda, s/n, Tel. 958 61 01 82, im Winter Mo geschl.
Allein der Service und die Aussicht über das Dorf bis zum Meer lohnen den Besuch des Lokals in einer der schönsten Straßen des Ortes. Serviert wird preiswerte Hausmannskost.
El Peñón: Po. Marítimo, s/n, Tel. 958 61 05 38.
Auf diesem zum Restaurant umgestalteten Boot muß man einfach einmal gegessen haben: Fisch in Salzkruste, Paella oder Gebratenes. Ab 21 €.

Virgen del Carmen am 16. Juli mit Meeresprozession. Fest der **Virgen del Rosario** am 7. Okt. Kulturfestivals im Juli und Aug. auf der Burg.

Busse: Tgl. Verbindungen nach Almería, Granada und Málaga; auch stündlich 7–22 Uhr nach Motril; 10 x tgl. nach Almuñécar.

San Pedro de Alcántara

Lage: D 7
Einwohner: ca. 26 000

Das kleine Dorf liegt im Schatten des Gemeindezentrums: Marbella. San Pedro, 1 km von der Küste entfernt, wurde im 19. Jh. vom ersten Marqués del Duero als Landwirtschaftszentrum gegründet. Heute ziehen lange Strände und sechs Golfplätze Touristen in den Ort, den zahlreiche Feriensiedlungen im ›andalusischen‹ Stil einrahmen.

Nahe der Playa Guadalmina liegen **römische Thermen** und die frühchristliche **Basílica de Vega del Mar** aus dem 4. Jh. Richtung Marbella, im Viertel Río Verde, sind Mosaike einer ehemaligen römischen Villa (1. Jh.) erhalten (Besichtigung Di/Do/Sa 12 Uhr, Tel. 952 78 13 60).

Über rund 5 km erstreckt sich der Strand von San Pedro de Alcántara/Guadalmina.

Hinter dem Arco de San Pedro über der Hauptstraße zweigt rechts der Weg nach **Benahavís** ab (7 km), ein hübsches Bergdorf mit guten Restaurants. Besonders zu empfehlen: El Fogón de la Aldea. S. auch **Ronda,** S. 70.

Marqués del Duero, 69, Tel. 952 78 52 52, Fax 952 78 90 90, Mo–Fr 9–20/21, Sa 10–14 Uhr.

Linda Vista: Urbanización Linda Vista Playa, Tel. 952 78 58 59, 609 51 22 71 moderat. Bungalowkomplex 150 m vom Strand. Garten, Terrasse, Solarium und Schwimmbad. Mindestaufenthalt sind drei Nächte.

Hotel Golf Guadalmina: Urbanización Guadalmina Playa, Tel. 952 88 22 11, Fax 952 88 22 91, www.spa.es/hotel_guadalmina, Luxus.
Eine Nobelanlage im andalusischen Stil, mit schönen Terrassen und Gärten, grandios zwischen Meer und Golfplätzen gelegen.

Im Ortszentrum: In der Avda. Marqués de Duero tischen einige Tavernen leckere *tapas* bzw. *raciones* auf. Gut sind **El Guerra, El Marqués** oder **Er Colega,** aber auch die winzige **La Tasquinita**, in der Calle Zamora.
Im Viertel El Ingenio, links der Straße Richtung Estepona, liegen zwei Restaurants mit Terrasse: **Villalobos:** Tel. 952 78 64 08, im Winter Di sowie zweite Nov.hälfte geschl.; **El Relicario:** Tel. 952 78 86 65, nur abends, So geschl.

Busse: Nach Ronda, Málaga, Marbella, Algeciras, Gibraltar, Estepona und Benahavís.

Sotogrande

Lage: C 8

Eleganz pur. Diese Feriensiedlung bietet Unterkünfte mit allen Annehmlichkeiten und ausgezeichnete Sportangebote, besonders für Golfer. 1962 gründete Joseph McMicking die *urbanizaciónl*, die 15 km vor Gibraltar an der Küste liegt. Der Millionär wählte die Ufer des Río Guadiaro, um das nobelste europäische Urlaubszentrum mit den weltbesten Golfplätzen zu kreieren: Die in eine üppig-grüne Landschaft eingebettete Oase hebt sich von den übrigen Ferienzentren der Costa del Sol ab.

Elegant und sportlich: Sotogrande

Club de Golf Valderrama: Tel. 956 79 12 00, Fax 956 79 60 28.
Der Club gilt als Europas Golfplatz Nummer Eins. Er liegt in einem Steineichenwald – mit Meerblick.
Club de Golf Sotogrande: Tel. 956 78 50 14, Fax 956 79 50 29.
Der erste Golfplatz Europas, den Robert Trent Jones anlegte.
La Cañada: In Guadiaro, Tel. 956 79 41 00, Fax 956 79 42 41.
Ein beliebter öffentlicher 9-Loch-Golfplatz, den ebenfalls Robert Trent Jones designte.

Central de Información, Reservas y Alquileres: Avda. de la Marina, am Eingang der *urbanización* am Sporthafen, Tel. 956 79 01 55, Fax 956 79 01 56.

Hotel Club Marítimo: Am Sporthafen, Tel. 956 79 02 00, Fax 956 79 03 77, Luxus.
25 Zimmer und 14 Suiten mit Terrasse oder Balkon – zum Sporthafen und Meer. Der *patio* ist eine grüne Oase.
Suites Hotel: Ctra. N-340, km 127, Tel. 956 61 30 30, Fax 956 61 30 12, www.sanroqueclub.com, Luxus.
Zwischen Golfplatz und Gutshof mit Korkeichenwald gelegen. Blick über die Meerenge von Gibraltar.

Torre del Mar

Lage: H 5
Einwohner: ca. 13 000

Der kleine Küstenort der Gemeinde Vélez-Málaga ist als solcher eigentlich nicht von besonderem Interesse. Nennenswerte Sehenswürdigkeiten gibt es nicht. Dafür besitzt Torre del Mar einige lange Strände. Bei Sonnenuntergang scheinen alle Bewohner auf dem Paseo Marítimo, der beliebten Meerespromenade, spazieren zu gehen.

Gibraltar: mehr als zollfrei einkaufen

Von Sotogrande und der westlichen Costa del Sol ist es ein Katzensprung nach Gibraltar. Der ins Meer hinausgeschobene Felsberg an der Südspitze der Iberischen Halbinsel ist seit dem Frieden von Utrecht (1713) fest in englischer Hand. Die britische Exklave lebt nicht zuletzt von den zahlreichen Tagesgästen – Spaniern wie Touristen –, die sich mit zollfreier Ware eindecken. Doch erschöpft sich die Attraktion Gibraltars nicht in finanziellen Vorzügen. Die ungewöhnliche Lage des Vorpostens im Mittelmeer und der sprachlich-kulturelle Szenenwechsel kommen hinzu. Nicht zu vergessen die berühmten Affen, die seit jeher auf dem Felsen hausen – als würden sie darauf warten, neue Gäste begrüßen zu dürfen.

Wassersport und Sportfischerei: Fischer- und Sporthafen von La Caleta de Vélez, Tel. 952 51 13 90.
Parque Acuático Aquavelis:
Urbanización el Tomillar,
an der Straße nach Vélez,
tgl. ab 11 Uhr; 15. Juni–15. Sept.
Wasserspaß für die ganze Familie.

Ein Besuch der **Pueblos Blancos,** der weißen Dörfer im Hinterland, lohnt sich auf alle Fälle (Extra-Tour 2 u. 3, s. S. 86-89). In **Comares,** das vom ›Balcón de la Axarquía‹ einen wunderschönen Ausblick über die Berge und das Meer bietet, empfiehlt sich das Hotel-Restaurant El Molino de los Abuelos (Tel. 952 50 93 09).
Vélez-Málaga, 4 km landeinwärts, wird noch von den Resten einer arabischen Wehrburg überragt. Am attraktivsten sind die Viertel San Sebastián unterhalb der Alcazaba, El Ensanche um die Pl. de España und der Barrio de la Villa bei der Iglesia de Santa María la Mayor aus dem 15. Jh. (Extra-Tour 2, s. S. 86).

Avda. de Andalucía, 119,
Tel. 952 54 11 04.

Cortijo Los Vargas:
An der Straße von Vélez-Málaga nach Arenas, km 1,2,
Tel. 952 50 29 36, moderat.
Der *cortijo* mit fünf Studios, Schwimmbad und Grill liegt inmitten tropischer Fruchtplantagen.
Villa Turística de la Axarquía:
Carril del Cortijo Blanco, s/n,
Periana (25 km von der Küste),
Tel. 952 53 62 22, moderat/teuer.
Diese sehr ruhige Apartmentanlage im andalusischen Stil mit Blick auf den Viñuela-See empfiehlt sich für Wassersportler und Wanderer.
Hotel Viñuela:
Am Embalse de la Viñuela (Stausee), 15 km auf der A-335,
Tel. 952 51 91 93, moderat/teuer.
Neues Landhotel am See, von jedem Zimmer herrliche Aussicht.

Almayate-Costa: N-340,
km 267, Tel. 952 55 62 89.
Juni–Sept.
Ein gut ausgestatteter Platz mit Bäumen am Almayate-Strand.

Spezialisiert auf Fisch und Meeresfrüchte sind mehrere Restaurants am Paseo de Larios sowie am Paseo Marítimo.
El Huerto del Apañao: Avda. de Andalucía, 67, Tel. 952 54 02 46, im Winter Mi geschl.
Regionale Spezialitäten und hausgemachte Nachspeisen in einem Haus mit Patio. Ca. 15 €.

Das Nachtleben, das sich besonders am Paseo Marítimo und in der Zone *El Copo* abspielt, ist an der gesamten Küste berühmt. Ein junges Publikum schwärmt in Scharen hierher.

Johannisnacht am 23. Juni, am Strand. **Veladilla del Carmen** mit Meeresprozession im Juli. Am 24./25. Juli Fest von **Santiago** und **Santa Ana.**

Busse: ab Busbahnhof, Tel. 952 54 09 36, alle 30 Min. nach Málaga, seltener nach Torrox, Nerja und Vélez-Málaga.

Torremolinos

Lage: F 6
Einwohner: ca. 35 000

Es scheint, als habe Torremolinos die Costa del Sol erfunden. Das einstige Fischerdorf ist heute – mit 40 % der Hotelkapazität – das Touristenzentrum der Sonnenküste schlechthin. Im Schutz der Sierra de Mijas erfreut es sich eines sehr angenehmen Klimas. Das ›alte‹ Torremolinos findet man am ehesten in der zentralen Strandzone und im Barrio de la Carihuela.

Ein typisches Viertel ist **El Calvario** im oberen Ortsteil, dessen Straßen mit Blumenkübeln und Bäumen eine angenehme Atmosphäre haben. Durch die C. de San Miguel gelangt man zur **Torre de Pimental,** dem Turm einer Mühle (Turm = *torre,* Mühle = *molino*) arabischen Ursprungs. Gleich daneben liegt die neoklassizistische **Iglesia de San Miguel.** Das alte Fischerviertel **La Carihuela** ist der ruhigste und charmanteste Winkel von Torremolinos.

7 km Strand. Die beliebten *playas* von **El Bajondillo** und **La Carihuela** verbindet eine Meerespromenade, die um eine Felsnase herum und bis zum Hafen von Benalmádena führt.

Aquapark: Beim Palacio de Congresos, 5 Min. vom Zentrum, ab 10 Uhr geöffnet, Mitte Mai–Mitte Sept.
Der größte Wasservergnügungspark der Costa del Sol.
Golf: Lauro Golf, Los Caracolillos, Alhaurín de la Torre, Tel. 952 41 27 67, Fax 952 41 47 57.
Ein 18-Loch-Platz auf einem 200 Jahre alten Gehöft, 20 Min. von Torremolinos.
Motorradverleih: Seo's Car, Las Mercedes, s/n, beim Hotel Cervantes, Tel. 952 37 41 37.
Reitzentrum: ›El Ranchito‹, unweit des Camino del Pilar, www.ranchito.com.
Vorführungen mit andalusischen Pferden am Mi um 17.30 Uhr.
Wassersport: An allen Stränden gibt es für Wassersport, z. B. für Surfer, reservierte Abschnitte. Im Sommer Bootsverleih.

Pl. de las Comunidades Autónomas, Playa del Bajondillo, Tel. 952 37 19 09, www.ayto-torremolinos.org, tgl. 10–14, Juni–Sept. auch 17–20 Uhr.

Touristenzentrum der Sonnenküste schlechthin: Torremolinos

Pl. Borbollón (Fußgängerzone von La Carihuela), Tel. 952 37 29 56, Öffnungszeit s. o.

Hostal Micaela: Bajondillo, 4, Tel. 952 38 33 10, Fax 952 37 68 42, günstig.
Die angenehme Familienpension liegt in einem der schönsten Winkel am Abgang zum Paseo Marítimo, 100 m von der Playa de El Bajondillo. Die Zimmer sind mit Bad ausgestattet.
Apartamentos Alegría: Carmen, 23, Tel. 952 38 02 73, Fax 952 37 27 35, günstig/moderat.
Attraktive Studios für zwei Personen mit Küche und Bad. Einige Zimmer haben Meerblick.
Apartamentos Las Vegas: Luzcozán, 5, La Carihuela, Tel. 952 38 05 39, Fax 952 37 82 64, günstig/moderat.
100 m vom Strand, in schöner, ruhiger Lage, kleine Apartments (2–4 Personen), die zu einem tropischen Innenhof zeigen.
Hotel Residencia Miami: Aladino, 14, La Carihuela, Tel. 952 38 52 55, günstig/moderat.
Im Vergleich zu den neuen großen Hotelblocks hat dieses Haus mit Garten und Schwimmbad noch Charme. Ein Neffe von Picasso, Manolo Blasco, richtete es für Lola Medina her, die ›Zigeuner-Königin‹ aus Granada.
Hotel Cabello: Chiriva, 28, Tel. 952 38 45 05, moderat.
Das einfache Hotel befindet sich im Fischerviertel nahe der Touristeninformation. Nur 50 m vom Strand entfernt.
Parador Málaga del Golf: Ctra. N-340, 3 km vom Flughafen, Tel. 952 38 12 55, Fax 952 38 89 63, www.parador.es, Luxus.
Ruhige Unterkunft mit einem Golfplatz am Meer, am Ortsrand Richtung Málaga.

Camping Torremolinos: Ctra. N-340, km 228, Richtung Málaga, Urbanización Los Alamos, Tel. 952 38 26 02.
Ein schattiger Platz unter Eukalyptusbäumen, 500 m vom Strand.

Torremolinos ist berühmt für seinen fritierten Fisch. »Zum Essen nach La Carihuela« *(Para comer, en La Carihuela)* sagt man daher auch in Málaga.
La Bodega: San Miguel, 40, Tel. 952 38 73 37, tgl. 10–24 Uhr. Seit mehr als 20 Jahren serviert man in einem kleinen Speisesaal Fisch und Meeresfrüchte. Die Wände zieren alte Fotos von Torremolinos.
Bodega Guerola: Las Mecedes, 2, Tel. 952 38 10 57, Di–So, 9.30–24 Uhr.
Eine der ältesten, auf *tapas* spezialisierten Tavernen
Guaquín: Carmen, 37, Tel. 952 38 45 30, Mo, 15. Dez.–15. Jan. geschl.
Eine Institution im Viertel La Carihuela. Terrasse mit Blick auf den Paseo Marítimo. Es gibt neben Fisch und Pfefferschoten hausgemachte Nachtische. Ab 21 €.
Casa El Lebeche: Carmen, 39, Tel. 952 38 25 30, Mo geschl. Berühmt ist der *gazpacho andaluz*. Gerichte ab 18 €.
Mesón Galego Antoxo: Hoyo 5, Tel. 952 38 45 33, im Winter So nachts geschl. Sympathisches galicisches Lokal im Zentrum. Vorderschinken und Koteletts aus Lalín. Ab 21 €.

Markt: Jeden Do morgen im Viertel Calvario nahe dem Rathaus. Im Sommer werden überall handgemachter **Schmuck** und **Lederwaren** verkauft.

Im Sommer kommt Torremolinos nicht zur Ruhe. In den *chiringuitos* am Strand ist bis zum Morgengrauen Hochbetrieb. Im Zentrum sind die Gegenden um La Nogalera und die Straße Casablanca nächtlicher Treffpunkt junger Leute. **Diskos** gibt es in der Avda. Carlotta Alessandri.
Flamenco kann man vor allem an Wochenenden in den folgenden Lokalen hören und sehen.
Pepe López: Pl. de la Gamba Alegre, s/n, Tel. 952 38 12 84.
Pepe Marchena: Avda. Carlota Alessandri, 282, Edificio Duquesa. Vorstellungen um 1 und 2.45 Uhr.
Los Tarantos: Po. Marítimo 57, Edificio Copacabana, Tel. 952 44 17 11.
Ebenfalls im Sommer öffnet **La Carreta**, in der Urbanización Eurosol.

26. Juli, **Virgen del Carmen:** gegen Abend gibt es eine Meeresprozession.
24.–29. Sept. **San Miguel.** Am folgenden Sonntag Wallfahrt mit geschmückten Wagen und einer gigantischen Paella.

Bus: Autobuses Portillo, Tel. 952 38 24 19, tgl. nach Mijas, Fuengirola, Benalmádena, Ronda, Algeciras, Marbella, Estepona (außer an Feiertagen), Gibraltar, Málaga und Granada.
Nahverkehrszüge: Häufig nach Málaga, Benalmádena-Costa und Fuengirola sowie zum Flughafen.
Mietwagen:
Europcar: Tel. 952 37 21 29.

Torrox/Torrox Costa

Lage: J 5
Einwohner: ca. 12 000

Mit seinen schmalen, steilen Gassen und den weiß getünchten Häusern ist Torrox ein typisch andalusisches Dorf. 4 km von der Küste entfernt, lebte der Ort einst hauptsächlich vom Ackerbau, bis man seine Strände für den Tourismus erschloss. An der gut 9 km langen Küste entstand Torrox Costa mit mehreren unansehnlichen Apartmentblocks. Zu den besten *playas* zählen die von **El Morche** und **Ferrara.** Wegen der günstigen Witterung glauben die Bewohner übrigens, das ›beste Klima Europas‹ zu haben.

Der Ortskern von Torrox mit seinen verwinkelten Sträßchen, den beiden Kirchen aus dem 16. Jh. und den renovierten Häusern ist sehr attraktiv. Der Konvent **Nuestra Señora de las Nieves** (16. Jh.) besitzt eine interessante Täfelung im Mudéjarstil.

Reizvoll ist ein Ausflug in die Berge hinauf nach **Cómpeta,** einem Weinbauort, der zu den schönsten weißen Dörfern der Provinz Málaga zählt. Weinproben und viel andalusisches Kunsthandwerk (Extra-Tour 3, s. S. 88).

Centro internacional de Torrox Costa: bloque, 79, Tel. 952 53 02 25, Mo–Fr 9–14, Sa 9–12, im Sommer außer So auch 17–21 Uhr.

Das Informationsbüro hilft bei der Vermittlung von Unterkünften in Apartments und Bungalows.
Cortijo Amaya: 800 m von einer Abzweigung der N-340, km 283, Tel./Fax 952 53 02 45, moderat. Kleines, ruhig gelegenes Hotel in der Nähe des Strands. Von Torrox Costa aus gut ausgeschildert. Eigenes Schwimmbad.

El Pino: Ctra. N-340, km 285,3, Tel./Fax 952 53 25 78. Schattige Parzellen 800 m vom Strand, mit Schwimmbad. Auch Bungalows zu vermieten.

Violett blüht es bei Torrox

Gute und preiswerte Fischgerichte gibt es in den Restaurants an der Straße, die durch Lagos führt.
Patanegra: Urbanización Laguna-Beach, local 20, Tel. 952 25 77 21, im Winter Mo abends geschl. Außer Fleisch gibt es hier auch den namengebenden, hochwertigen Schinken *pata negra*.
La Restinga: Ctra. N-340, km 288,5, nahe Nerja, Tel. 952 03 00 88. Meeresfrüchteplatte, leckere Salate und eine gute Weinauswahl. Ab 21 €.

Im Dorf Torrox: **Las Migas,** am So vor Weihnachten werden Brotkrumen *(migas)* in Öl und rotem Pfeffer geschwenkt, gelegentlich sind auch Wurststücke dabei. Dazu gibt es Wein aus der Region. **San Juan,** am 23./24. Juni. **Virgen de Agosto,** am 15. Aug. mit Meeresprozession bei El Morche.

Busse: Gute Verbindungen zwischen Torrox und Torrox Costa, nach Nerja, Torre del Mar, Vélez-Málaga (nur Mo–Fr) und Málaga. Sa und So seltener.

Extra-

Fünf Extras im Hinterland – alle in den Bergen, aber alle anders

1. Wunder der Natur – Eine Fahrt durch das Hinterland der Costa del Sol
2. Auf den Spuren von Wegelagerern und Banditen

Touren

3. Die Weindörfer der Sonnenküste

4. Zur letzten Feste der Mauren – Granada

5. Wildes Gebirge, einsame Dörfer – Durch die Alpujarras

Extra-Tour 1

Wunder der Natur – Eine Fahrt durch das Hinterland der Costa del Sol

Das bergige Hinterland der Costa del Sol wartet nicht nur mit zahlreichen ausgesprochen reizvollen Landschaftsszenerien auf den Reisenden, es birgt sogar regelrechte Naturschauspiele. Zuallererst wären dabei die Garganta del Chorro und der Torcal de Antequera zu nennen. Wer diese Extra-Tour als Ganzes unternehmen möchte, sollte zwei Tage einplanen. Alternativ läßt sie sich jedoch auch gut in zwei Ausflüge unterteilen: An einem Tag fährt man die linke ›Schleife‹ mit der Garganta del Chorro ab und an einem anderen die rechte mit dem Torcal de Antequera.

Von Málaga führt die A-357 Richtung Álora. Von dort geht es am Ufer des Río Guadalhorce entlang zur berühmten **Garganta del Chorro** (57 km): Hier schießt der Fluss, nachdem er sich durch die lange Schlucht **Desfiladero de los Gaitanes** gezwängt hat, zwischen steil emporragenden Felswänden hervor. Schon zu Beginn des 20. Jh. hat man hier einen Bretterweg an den Felsen aufgehängt – auf dass Wagemutige das Schauspiel von nahem betrachten könnten. Den Zugang erreicht man auf der anderen Flussseite von dem Weg, der von der Zugstation herkommt. Doch Vorsicht! So königlich, wie der Name ›Camino del Rey‹ suggeriert, ist die Hängekonstruktion keineswegs: Stellenweise fehlen die Bodenbretter oder das Geländer – nur Lebensmüde trauen sich da hinauf.

Der erwähnte Desfiladero de los Gaitanes durchschneidet – genau wie die Bahnlinie Málaga–Córdoba – die **Sierra de la Pizarra.** In diesem Gebiet trifft man viele Wanderer und Bergsteiger. Wer sich vom kraftvollen Schauspiel, das Wasser und Stein bieten, nicht losreißen kann, findet in El Chorro in Apartments, Pensionen oder auf dem Campingplatz Unterkunft (Information: Álora, Tel. 952 49 83 80).

Folgt man dann doch der A-357 weiter, gelangt man zum **Guadalhorce-Stausee.** An seinem Ufer liegt ein ganzjährig geöffneter Campingplatz; die Straße um den großen See eignet sich hervorragend zum Radeln.

Wunderschöne Landschaft am Río Guadalhorce

Setzt man die Fahrt fort, so erreicht man (sich am See links haltend) über Ardales das weiße Dorf **Carratraca** – von der Natur mit schwefelhaltigen Quellen bedacht. Sie speisen ein *balneario*, ein Bad, das im 19. Jh. in einem schönen neoklassizistischen Bau aus Marmor und Sandstein eingerichtet wurde. Jedermann kann hier baden oder auch eine komplette Kur absolvieren (Wiedereröffnung Bad und Hotel für 2002 geplant).

Um zum **Torcal de Antequera** zu gelangen, folgt man bei Álora dem Abzweig nach Valle de Abdalajís bzw. Antequera. Kurz vor der Stadt weisen Schilder den Weg zum Torcal. Bei der Fahrt hinauf ins Gebirge bieten sich herrliche Ausblicke. Der Torcal de Antequera selbst ist ein 17 km^2 großes Kalksteinmassiv, in das Wind und Regen bizarre Formen geschliffen und gewaschen haben: Man glaubt Menschen, Monstern und Tieren zu begegnen – es ist allein eine Frage der Phantasie. Höchster Gipfel ist der **Camorro Alto** (1369 m). Hier oben ist es deutlich kühler als an der Küste. Kaum klettern die Temperaturen im Sommer über 15 °C. Aber Vorsicht bei der Erkundung des Areals. Leichter, als man denkt, verliert man im Gewirr der Felsformationen die Orientierung: Halten Sie sich an den grün beschilderten Wanderweg zum **Torcal Alto** (Dauer: ca. 1 Std.). Bevor man sich auf den ›roten Pfad‹, *sendero rojo,* begibt (Dauer: ca. 2,5 Std.) sollte man im Centro de Interpretación de la Naturaleza (Tel. 952 03 13 89, tgl. 10–14, 16.30–18 Uhr) Erkundigungen einholen. Von der Straße führt ein kleiner Weg zum **Mirador de las Ventanillas,** von wo der Blick bei klarem Wetter bis zum Meer schweift.

Vom Landstädtchen **Antequera** aus, berühmt für seine megalithischen Dolmengräber (s. S. 51), bietet sich ein Abstecher zur **Fuente de Piedra** an. Diese größte Salzzunge Andalusiens ist ein Nistplatz für Flamingos. Von Februar bis Juli sieht man sie von der Straße aus.

Der schnellste Weg zurück führt über die N-331 vorbei am weißen Weiler **Villanueva de Cauche,** dessen mittelalterliche Struktur intakt ist, und an **Casabermeja,** dessen denkmalgeschützter Friedhof einen Halt vor Málaga lohnt.

Länge: ca. 240 km
Dauer: 1–2 Tage

EXTRA Tour 2

Auf den Spuren von Wegelagerern und Banditen

In der unwegsamen Bergwelt Málagas blieb die Erinnerung an die legendären Banditen und Wegelagerer, die hier einst hausten, bis heute präsent. Diese *bandoleros* lauerten den Händlern auf, die zwischen den Städten Málaga und Granada pendelten. Zu den gefürchtetsten Männern gehörten ›El Bizco de El Borge‹, 1837 in der Axarquía geboren, sowie ›El Melgares‹ aus Algarrobo und ›Frasco Antonio‹ aus Vélez-Málaga. In den Bergen Málagas fanden sie ein ebenso geeignetes Operationsfeld wie ihre Kumpane in der Serranía von Ronda. Später wertete man ihre Taten mit romantischen Zugaben auf, denn sie waren der allseits verhassten Obrigkeit ein Dorn im Auge – und ihre Aktionen richteten sich nicht gegen die Armen.

Von Torre del Mar über Vélez-Málaga und Trapiche kommt man auf der schmalen A-335 nach Viñuela. In Ortsnähe liegt einer der zahlreichen Stauseen Andalusiens, der **Embalse de la Viñuela.** Hinter Viñuela führt die C-340 nach **Periana** (s. S. 77) und **Mondrón,** den ›Wiegen‹ der Olivenproduktion in der Provinz Málaga, die bereits in römischer Zeit Bedeutung hatten. In Periana kann man in der Taverna El Alambique (›Destillierkolben‹) mit den Landbewohnern *palomas* trinken: reinen Schnaps mit Wasser. Der *aguardiente* wurde hier noch bis 1985 gebrannt. Heute ist der alte Destillierkolben ebenso ein Ausstellungsstück wie der hauseigene Trinkwasserbrunnen.

Hinter Mondrón führt ein Abzweig durch eine abwechslungsreiche Berglandschaft mit der Schlucht des Río Sábar, dessen Bett voller Oleander steht, nach **Alfarnatejo.** Es ist von 1500 m hohen Bergen umgeben – für die *bandoleros*, die ständig auf der Flucht vor den Ordnungshütern waren, einst ein ideales Refugium.

Lebendiger ist die Erinnerung an die Banditen jedoch im benachbarten **Alfarnate** geblieben. Aus diesem Dorf stammte die Geliebte von El Bizco, die ihm einen Sohn gebar. Exakt an einem ehemaligen Wegekreuz an der alten Verbindungsstrecke von Málaga nach Granada liegt die **Antigua Venta de Alfarnate** aus dem Jahr

Nur noch auf der Leinwand zu sehen: die legendären *bandoleros*

1690, heute Restaurant und Museum zugleich, denn sie ist ein authentisches Erinnerungsstück an den *bandolerismo* der vergangenen Jahrhunderte. Mal diente die *venta* den Banditen als Zuflucht, mal als Ort der Gefangennahme. An der Wand hängt die Reproduktion eines Fotos des Guardia Civil, der 1907 den legendären Pernales erschoss. Auch das Zimmer, das einem anderen berühmten *bandolero* des 19. Jh. zum Gefängnis wurde, nämlich dem Madrilenen Luis Candelas, existiert noch. Man sollte hier die Küche der Gebirgsgegend probieren, darunter *huevos a la bestia*, aber auch Wild- und Lammgerichte (Mo geschl., Tel. 952 75 93 88).

Auf kleinen Bergstraßen, durch Wald, Oliven- und Weizenfelder, erreicht man den **Puerto de los Alazores** (1040 m) und dann – parallel zum Río Guadalhorce – **Villanueva del Trabuco.** Der Name des Orts erinnert an eine ›Waffe‹, die den *bandoleros* gute Dienste leistete: Steinschleudern. Am hiesigen alten Wegkreuz zwischen den Provinzen Málaga und Granada lauerten die Banditen den Postkutschen auf.

Vorbei an Villanueva del Rosario und an Villanueva de Cauche geht es Richtung **Colmenar,** wo man auf die Carretera de los Montes de Málaga, eine alte Bergstraße, stößt. Von ihr bietet sich eine Panoramaansicht der Berge der Axarquía mit ihren weißen Dörfern, die auf Felsvorsprüngen zu hängen scheinen. Die Topographie dieser Gegend bot den *bandoleros* beste ›Arbeitsbedingungen‹. Die Gesetzeshüter hatten jedenfalls alle Hände voll zu tun – daran erinnern die vielen *ventas* an der Strecke, die Gasthäuser, in denen sie während ihrer Ermittlungen die wohlverdienten Pausen einlegten. Heute kann man in ihnen die nahrhaften Gerichte der Region probieren.

Im letzten Drittel des 16. Jh. fristeten in dieser Gebirgsgegend übrigens auch zahlreiche Morisken ihr Leben als *bandoleros*, also Muslime, die den neuen christlichen Herren des Landes Widerstand entgegensetzten.

Zum Abschluss der Route wird man mit einem herrlichen Blick auf die Bucht von Málaga belohnt.

Länge: ca. 130 km
Dauer: 1 Tag

EXTRA Tour 3

Die Weindörfer der Sonnenküste

Das Hinterland der Sonnenküste zwischen Torre del Mar und Nerja ist Weinland. An den Hängen der Sierra Almijara und der Sierra de Tejeda gedeihen die traditionell angebauten süßen Moscatel-Trauben. Einen überregionalen Ruf erlangten die Tropfen dieser Gegend bisher nicht, aber sie geben einen aromatischen Aperitif und gut trinkbare Tischweine her, zumal zunehmend auch trockenere Weine ausgebaut werden.

Eingebettet in das Grün der Weinfelder liegen kleine weiße Dörfer, deren maurisches Erbe im Ortsbild lebendig geblieben ist. Ein herausragendes Beispiel dafür bietet 5 km oberhalb von Nerja der Ortskern von **Frigiliana** (s. S. 66), aus dem die Morisken im 16. Jh. vertrieben wurden. Diese Dorfgeschichte ist auf Kachelbildern an den Hauswänden im *barrio morisco* nachzulesen, einem Viertel mit malerischen Winkeln. Überall im Ort bieten kleine Läden neben den üblichen Souvenirs Wein und Honig aus Frigiliana an.

Folgt man dem unteren Weg der sich am Dorfplatz verzweigenden Hauptstraße, gelangt man durch eine Rebenlandschaft nach **Torrox** (s. S. 80ff.), einem weiteren weißen Dorf mit mehreren interessanten Kirchen und Konventen aus dem 16. bis 18. Jh.

Kurz vor Torrox weisen Schilder den Weg hinauf in die Berge nach Cómpeta. Die Straße windet sich durch eine sanfte Gebirgslandschaft. Aus dem Grün der Reben heben sich weiß die kleinen Gehöfte ab, die meist aus einem Wohnhaus, einer runden Zisterne und einem oder mehreren kubischen Baukörpern *(paseros)* bestehen, in denen die Trauben zu Rosinen *(pasas)* verarbeitet werden. Trauben, Rosinen, Feigen, Seide und Mandeln waren seit jeher die Erzeugnisse, denen sich die Araber und später die Morisken in der Gegend widmeten.

Das weiß in die Falten der Sierra de Tejeda gebettete Weindorf **Cómpeta** (s. S. 81) präsentiert im Museo del Vino (Weinmuseum, Tel. 952 55 33 14) im Ambiente einer typischen *bodega* des 18. Jh. örtliche Produkte der Gastronomie und des Kunsthandwerks. Am 15. August feiert Cómpeta eine ›Weinnacht‹, mit Gratis-Weinausschank für alle Besucher.

Weiß in die Falten der Sierra de Tejeda gebettet: Cómpeta

Einen Abstecher wert ist das 2,5 km entfernte **Canillas de Albaida,** ein beneidenswert ruhiger Ort, denn die Straße endet hier. Die Kirche Nuestra Señora de la Expectación stammt noch aus dem 11./12. Jh. Während der Fiesta de San Antón am 17. Januar genießen die Einwohner zu gebratenem Zicklein und Maisbrot ihren lokalen Wein.

Von Cómpeta nach **Archez** ist es nur ein Katzensprung (3 km) – aber auf einer kurvenreichen Bergstraße. Zentrum des 400-Einwohner-Nestes ist der ehemalige Moscheeturm aus dem 13. Jh., der zum Glockenturm der weiß getünchten Kirche Nuestra Señora de la Encarnación umfunktioniert wurde – wie in den meisten Dörfern dieser Gegend.

Der Weg steigt nun fast 7 km lang bis nach **Salares** an, einem winzigen Ort mit 350 Einwohnern, den die Römer gegründet hatten. Vom Aussichtspunkt hat man den besten Blick über das Dorf mit seinen engen abschüssigen Gassen und dem kleinen Fluss. Auch in Salares erinnert der Kirchturm an die maurische Vergangenheit.

Sedella, ein weiteres weißes Dorf, das sich vom Grün der Weinfelder abhebt, genießt den Ruf, der ›Balkon der Axarquía‹ zu sein. 7 km sind es von hier bis **Canillas de Aceituno,** dessen Name nicht nur römischen Ursprungs ist (*cannillae*=Gebiet der kleinen Zuckerrohrfelder), sondern auch arabischen (*Al-Zaytun*=gefärbte Naturseide). Am Weg fließen der Vélez und der Rubite durch die Täler, liegen Anbauflächen für Oliven, Wein und Mandeln. Auf dem höchsten Punkt des Dorfes steht die Pfarrkirche im mudéjar-gotischen Stil (16. Jh.) – an der Stelle einer ehemaligen Moschee. Der tadellose Kalk ihrer Wände kontrastiert mit den üppig bepflanzten Blumentöpfen. Berühmt ist der Karneval von Canillas de Aceituno, und am letzten Aprilsonntag werden Gäste zum ›Tag der Blutwurst‹ mit einer Ration dieser örtlichen Spezialität, Brot und schmackhaftem Landwein beschenkt.

Auf der Rückfahrt über Vélez zur Küste (A-335) läßt man die Weinfelder, Feigen-, Mandel- und Olivenhaine bald wieder hinter sich.

Länge: ca. 90 km
Dauer: 1 Tag

Extra Tour 4

Zur letzten Feste der Mauren – Granada

Bis Boabdil, der letzte Herrscher aus dem Geschlecht der Nasriden, die Stadt 1492 kampflos an die Katholischen Könige Isabella und Fernando übergab, war das Restreich von Granada die letzte Enklave der Mauren auf spanischem Boden. In keiner anderen Stadt Andalusiens – außer vielleicht Córdoba, das die Kalifen aus der Dynastie der Omaiyaden prägten – wird die Berührung mit der rund 800 Jahre dauernden arabischen bzw. maurischen Ära zu einem so intensiven Erlebnis wie hier. Abseits jedweden Küstentrubels in den Bergen gelegen, strahlt der Glanz vergangener Tage bis heute auf die lebendige Universitätsstadt ab.

Nachdem man zwischen Salobreña und Motril auf der N-323 der Costa Tropical, dem zur Provinz Granada gehörenden Küstenabschnitt, den Rücken gekehrt hat, geht es zunächst am Río Guadalfeo entlang und dann hinauf in die Berge. Nach rund 50 km ist der **Puerto del Suspiro del Moro** (›Pass des Maurenseufzers‹) erreicht: Boabdil, so heißt es, habe sich nach seinem Abzug aus Granada hier noch einmal sehnsuchtsvoll nach der Stadt umgeschaut, die unter den Nasriden in 250 Jahren zu Glanz und Größe aufgestiegen war, und ob des Verlustes geweint.

Spätestens, wenn man den über **Granada** (s. S. 46f., Stadtplan s. Extrakarte) thronenden Festungspalast der Nasriden erreicht hat, wird man Boabdil verstehen. Wer mit dem Auto kommt, folgt am Stadtrand der Umgehungsstraße, die direkt zur Alhambra führt (beschildert). Vom Stadtzentrum aus geht man an der Plaza Nueva die Cuesta de Gomérez hinauf.

Die seit 1238 errichtete **Alhambra,** ein Weltkulturerbe, war Festung und Fürstenresidenz zugleich. Im mauergefaßten Areal von 720 m Länge und 220 m Breite befinden sich außer dem Palast der Nasriden zahlreiche Festungstürme, aber auch Gartenanlagen – und der im 16. Jh. hinzugefügte mächtige Palast Karls V.

Die Residenz der Nasriden bietet ein außergewöhnliches Beispiel maurischer Baukunst. Sie gliedert sich in drei Bezirke, einen öffentlichen, in dem u. a. Recht gesprochen wurde, einen herrschaftlichen mit dem Thronsaal

Synonym für das maurische Spanien: die Alhambra von Granada

und einen privaten, denen drei Innenhöfe mit den sie umgebenden Gemächern entsprechen. Durch das Zusammenspiel von kunstvollen Kacheln, Stuckarbeiten, Brunnen und Wasserrinnen sowie duftenden Pflanzen wirken sie wie Orte der Meditation – an denen lediglich der nicht endende Besucherstrom stört. Architektonischer Höhepunkt der Anlage ist der **Löwenhof** mit dem Löwenbrunnen und den prachtvollen Räumen ringsum. Ein Ort beschaulicher Ruhe ist auch der höher gelegene **Generalife,** der Sommerpalast der Sultane, mit ausgedehnten Gartenanlagen.

Gegenüber der Alhambra, auf der anderen Seite des schmalen Río Darro, der streckenweise unter dem Straßenpflaster verläuft, liegt auf einem Hügel das ebenfalls unverkennbar maurisch geprägte **Albayzín-Viertel.** Im Treppauf-Treppab des Gassengewirrs, wo man sich in eine andere Zeit versetzt fühlt, kann man leicht die Orientierung verlieren. Kein Problem: denn bergab findet man immer in die Stadt zurück. Hinter weiß gekalkten Mauern verbergen sich die sogenannten *cármenes,* kleine schon in maurischer Zeit angelegte Hausgärten. Vom **Mirador** bei der Kirche San Nicolás bietet sich eine Postkartenansicht auf die Gesamtanlage der Alhambra.

Ein drittes Zentrum in maurischer Zeit war die Gegend um die schöne **Plaza de Bib-Rambla,** deren Name auf ein früheres Stadttor verweist. Hier befand sich auch der arabische Basar, an den heute noch die nach einem Brand rekonstruierte **Alcaicería** erinnert: An ihren schmalen Durchgängen reiht sich ein Laden an den anderen, hier kann man nach Lederarbeiten, Schmuck und anderem Kunsthandwerk und natürlich nach Souvenirs stöbern.

Genau hier, im Zentrum des Lebens der maurischen Stadt und an der Stelle der ehemaligen Hauptmoschee, wurde als Monument des Sieges der Christen über die Muslime die prachtvolle **Kathedrale** von Granada errichtet. In der angebauten **Capilla Real,** der Königlichen Kapelle, sind die Katholischen Könige beigesetzt, die in Granada ›die letzte Schlacht der *reconquista*‹ gewonnen hatten.

Länge: ca. 75 km
Dauer: 1–2 Tage

Extra Tours

Wildes Gebirge, einsame Dörfer – Durch die Alpujarras

Die Alpujarras sind ein Bergtal am Südabhang der Sierra Nevada, die mit dem 3481 m hohen Mulhacén ihren höchsten Gipfel erreicht. Jahrhundertelang lebten die Menschen in den kleinen Bergdörfern abgeschieden von der Außenwelt. Bis sie Ende des 16. Jh. endgültig von der Iberischen Halbinsel vertrieben wurden, waren die Alpujarras der letzte Rückzugsort der Muslime, nachdem Granada an die Christen übergeben worden war. Diese Wurzeln blieben in der Architektur, in den bäuerlichen Wirtschaftsweisen sowie in vielen Festen bis heute lebendig.

Doch den Bergdörfern drohte jahrzehntelang der Exodus, eine Welle der Emigration entvölkerte die Gebirgstäler. Erst seit kurzem bringen die verbesserte Infrastruktur und der zunehmende Tourismus neues Leben in die Dörfer.

Von der N-323, die von der Küste nach Granada führt, zweigt eine Straße nach **Lanjarón** ab, dem ›westlichen Tor‹ der Alpujarras, berühmt für seine Heilwasser und Thermalbäder. Es liegt im südlichen Einzugsbereich des Nationalparks der Sierra Nevada, einem Biosphärenreservat der Unesco.

Über **Orgiva, Cañar,** bekannt als ›Balkon der Alpujarras‹, und **Bayacas** klettert die kurvenreiche Straße hinauf in das **Poqueira-Tal.** Das erste Dorf dieses Tales in den Oberen Alpujarras ist **Pampaneira.** Die verschneiten Gipfel der Sierra Nevada sind von hier aus fast das ganze Jahr über zu sehen. Seit alters betreibt man auf den Terrassenbeeten der Hänge Ackerbau.

Eine Abzweigung von der Hauptstraße führt nach 2 km zu den Landhäusern der Villa Turística in **Bubión,** die architektonisch dem Stil der Gegend angepasst sind (Tel. 958 76 31 11; teuer). Die Pfarrkirche des Ortes (16. Jh.) besitzt einen maurischen Turm aus der Nasridenzeit.

Im nächsten Ort, **Capileira,** überblickt man aus 1500 m Höhe vom Mirador del Perchel das ganze Tal. Im Kulturzentrum befindet sich ein Alpujarras-Museum (Museo de la Alpujarra). Wie Pampaneira und Bubión steht Capileira unter Denkmalschutz. Die volkstümliche Architektur berberischen Stils – einstöckige weiße Häuser, die über fla-

Unter Denkmalschutz: Capileira in den Alpujarras

chen Terrassen errichtet wurden, mit Mauern aus Stein und Lehm, Schieferdächern, Holzbalkenträgern und Schornsteinen – ist hier sehr gut erhalten. Von Capileira führt übrigens ein Weg hinüber zur Skistation der Sierra Nevada. Auf der anderen Seite des Tales lebt in der Abgeschiedenheit der Berge eine buddhistische Gemeinde.

Weiter auf der Hauptstraße erreicht man **Trevélez,** das höchstgelegene Dorf Spaniens. Auf 1650 m liegt es im Schatten des Mulhacén. Berühmt sind seine in der Gebirgskälte luftgetrockneten Schinken. Am 13. Juni feiert man hier die berühmteste ›*Fiesta de Moros y Cristianos*‹ der Alpujarras.

Ein paar Kilometer entfernt, in **Válor,** setzt man im September eine weitere Schlacht der Mauren und Christen in Szene. Sie erinnert an den Widerstand der maurischen Rebellen in den Bergen, nachdem Al-Andalus in die Hände der Katholischen Könige gefallen war und Cardinal Cisneros den Muslimen ihre Sitten und Gebräuche verbieten wollte. Aus Válor stammte einer der Anführer der Moriskenaufstände, die bis 1570 andauerten: Abén Humeya.

Nach weiteren 11 km ist der Marktort **Laroles** erreicht, von wo man eine Panoramafahrt durch ein zwischen den Bergen verschlungenes Tal zum 2000-m-Pass **Puerto de la Ragua** unternehmen kann. Kurvenreich führt die Straße von Laroles hinüber zu den Alpujarras der Provinz Almería. In den kleinen, vom Tourismus kaum berührten Dörfern, wie **Bayarcal, Paterna del Río, Fondón** und **Ohanes,** dessen Trauben berühmt sind, leben die Menschen noch sehr traditionsverbunden.

An der gesamten Strecke von rund 160 km laden traditionelle Berghotels und Pensionen zum Verweilen ein. Campingplätze findet man in Pitres und Trevélez. In **Laujar de Andarax** gibt es eine *Villa Turística* (Tel. 950 51 30 27, www.serinves.es/villa_laujar). ›Rustic Blue‹ in Bubión (www.rusticblue.com) vermittelt außer ländlichen Unterkünften auch Exkursionen zu Pferd (Tel. 958 76 33 81, Fax 958 76 31 34).

Information: in Lanjarón, Pampaneira, Laroles, Laujar de Andarax.
Busse: ab Granada u. Almuñécar.
Länge: ca. 225 km
Dauer: 2 Tage

Impressum/Fotonachweis

Titelbild: Bucht bei Nerja
S. 2/3: Benabola, Paseo Marítimo, Puerto Banús
S. 4/5: Tauchschüler in Marbella
S. 26/27: Der ›Balkon von Europa‹, in Nerja

Fotonachweis
Angulos-3/Cover/Laif, Köln: S. 13
Juanjo Albarrán, Madrid: S. 15, 91
Manuel García Blázquez, Madrid: Titelbild, S. 16, 33, 37, 40, 41, 45, 54, 63, 73, 76, 79, 85, 93
Monica Gumm/White Star, Hamburg: S. 2/3, 8, 26/27, 61, 66, 81, 89
Bernhard Luther/White Star, Hamburg: S. 4/5, 6/7
Llenas-Moro/Cover/Laif, Köln: S. 18, 58, 59, 68
Andres G. Marín, Madrid: S. 72
Anna Neumann/Laif, Köln: S. 50/51
Jörg Steinert/White Star, Hamburg: S. 1, 9, 10, 87

Kartographie: Berndtson & Berndtson Productions GmbH, Fürstenfeldbruck

Alle in diesem Buch enthaltenen Angaben wurden vom Autor nach bestem Wissen erstellt und von ihm und dem Verlag mit größtmöglicher Sorgfalt überprüft. Gleichwohl sind inhaltliche Fehler nicht vollständig auszuschließen. Ihre Korrekturhinweise und Anregungen greifen wir gern auf. Unsere Adresse: DuMont Buchverlag, Postfach 101045, 50450 Köln.
E-Mail: reise@dumontverlag.de

Die Deutsche Bibliothek – CIP-Einheitsaufnahme

García Blázquez, Manuel:
Costa del Sol/Almería, Manuel García Blázquez.
- Köln: DuMont, 2002
(DuMont Extra)
ISBN 3-7701-5731-1

Graphisches Konzept: Groschwitz, Hamburg

Druck: Rasch, Bramsche
Buchbinderische Verarbeitung: Bramscher Buchbinder Betriebe

ISBN 3-7701-5731-1